コロナ不安を生きるヒント

聖書を手がかりに

語り手　関根《せきね》 英雄《ふさお》
（カトリック世田谷教会・神父）
聞き手　和気《わき》 香子《きょうこ》
（エグゼクティブ・コーチ）

公人の友社

何事にも「とき」がある
一つは　流れゆく時（クロノス）
一つは　生死を分ける自由にえらべる時（カイロス）

（コヘレト３章、詩編第１編、ルカ６章、黙示録22章７節）

未来をつくるカナンの地の子どもたち
（日本国際ボランティアセンター（JVC）提供）

暗闇にあっても光を観る民（山畑俊樹撮影）

文明、歴史の中に夢を持つサマリアの若者たち（山畑俊樹撮影）

エブラの契約書（複製）
エブラ（シリア）古代王国　B.C.2000 年紀
誠実な取引が多方に益を積む

目次

まえがき

人生の勝者は誰か――それは自分

メソポタミア、エジプトの偉大なる文明のなかに生まれた、愛を基軸とする新文明へのメッセージ、いまだ未完成の思想が聖書です。

人生と歴史は重なります。試練・忍耐・希望・喜びという幸せと愛の文明。

歴史を、現実として事実として経験することは出来ないかもしれませんが、知性として獲得できる時空の体験です。

人間と歴史の真実は一言では語り尽くせません。故に無数の神話・民話・伝説・格言原因譚などを資料として作られた記録書である聖書があります。

旧約聖書は、「負」の領域を包み隠さず知らせ、人間性の本音を暴露する物語です。新約聖書は、「生」の仕組みと限界を「十字架」として「正」の恵みに変容させる智恵の話です。

聖書は元々人の言語では語れない域の文献です。

人類と神との関係はアルタミラやラスコー洞窟の壁画から想像できます。ホモ・サピエンスに進化し、言葉を使うようになって以来、我々の先祖は、命ある存在として自己の力量の限界を知り、「より大きな存在」を認識していたと思われます。八百万《やおよろず》の神々の恩恵といい、い、い、い、より大きな力を拠り所として人類史は続いているのでしょう。

それは、人の出生を考えれば明白。自分の意志で誕生したのではありません。臍の緒を切られた時、「オギャー」と命の息、酸素を吸い込んだ自発呼吸から人生は始まっています。その瞬間以来、人生は続きます。この不思議な真実を「言葉」で語るようになった歴史はたかだか5千年もありません。生命史から見れば束の間に過ぎず、旧約聖書によれば人生120年。しかし、実際に120年を生きる人は何人いますか。この事実に「制約された人間性」があります。

個人史と人類史には、合い重なるものがあるとするのが聖書の一次的メッセージです。それ故に、創造主と人間との関係をメタファーとして伝えるのが聖書です。ですから、聖書の文言は字句通りに解釈するものではありません。

また、カナン、パレスチナ、ユダヤ、イスラエルの中東地域、メソポタミアとエジプトを結ぶ道路網と海上路である地中海沿岸諸国の歴史、風土、文化なども忘れ、西欧キリスト教思想の視点から聖書が読まれていたのが日本のキリスト教界ではなかったでしょうか。

これは、シリア、パレスチナ自治区とモロッコを旅した後の実感です。30年前西アフリカ・シエラレオネの体験もあります。

歴史は、「試練と忍耐」の繰り返しであり、たとえば、戦後復興期の日本国家の立ち上がりの流れもそうです。そのためには、リテラシーをもっての聖書の読み直しが必要だと思います。

執筆サポーターの皆さん
出版物の現状を教えてくれた石原正博さん
行き詰まり状況中に和気香子さんを紹介くださった神谷秀樹さん
拙い時代離れの話を整理して下さった和気香子さん
疫病に関する情報を提供した生物学博士高瀬将映さん
街の情報を話してくれた下北沢商店街の店主さん、そこに働く若い人
長野県茅野市縄文の里山キツネ原の耕作放棄地再耕に尽力されている小林常晃さん

構想整理に何度も相談した佐藤弘弥さん

私の執筆遅れを待って下さった公人の友社の皆さん

原案の契機となった岩波書店刊『試練と挑戦の戦後経済史』の著者鈴木淑夫さんのご好意に厚く御礼申し上げます。

２０２１年正月

1　「聖書」のとらえ方

【聖書は人を育てる書】

神父　聖書は神様が話した言葉の収集だと思われているようですが。

香子　いや、そんなことは思ったことは一度もありません。

聖書は人が書いたものですよね？　神様が直接書いたり話したりしたものとは思った

ことはありません。

神父　その通りです。書いた人たちが神から受け取ったと感じたメッセージです。ただ、同じようなメッセージを受け取った人がたった一人ではなく、多数いたから、口頭伝承となり、それが最終的には一冊の書になっていったのです。

香子　なるほど〜。それは合点がいきます。

神父　そんな聖書を今回はお金にまつわる視点と視座から紐解いていきたいと思います。

香子　よろしくお願いします！

神父　聖書は人を育てる書です。

働いて稼いで食べて暮らし、喜び、幸せとなるための方向性を示す知恵集です。日々の労働の積み重ね、取引が、貨幣経済を経て現代の高度なシステムへと発展してきた。

取引・エコノミーなしに人の命はありません。

エコノミーの語源は、ギリシャ語の家（オイコス）です。

聖書は、信仰の書である前に、家の中の一人ひとりから、地域社会の共同体から連合体へ、小国家から覇権国へと向かっていく欲と権力の流れを描いています。

この本は、聖書を人類史の取引や経済の視座から読み解きながら、現代の日本の皆さんが幸せに生きるヒントをお伝えしたいと思います。

手元のお金の使い方はその方面の書にお任せして、手にする以前の心の持ち方という方がふさわしいでしょう。

香子　それは楽しみです！

【オラリティとリテラシー】

香子　はじめにお聞きしたいのは「受胎告知」です。処女懐胎は科学的に言えば信じがたいことですが、聖書が書かれた時代には信じられていたのでしょうか？

神父　聖書は、古代人の、「人間って、命って何だろう？」という素朴な考えが発端です。

マリアとヨゼフの伝説によれば、ヨゼフは今でいう後期高齢者。おじいさんのヨゼフと、初潮が来る前の少女マリアの話です。マリアのおばさんのエリザベトが高齢であるのに、息子ヨハネを産んだ話があります。旧約聖書では、月経がなくなったサラが子どもを産んでいます。

これらのお話は、各地にあった神話や民話などの、口頭伝承（オラリティ）をもとに書かれています。

聖書は、科学的な根拠に基づいた記録ではありません。現代の知識や教養で、文字通り解釈すると「信じられない！！！」ことが沢山あります。当時の時代性や、地域性や、背景や、文字に起こした時に書いた人の思惑なども想像しながら、その本質を読み解くことが、現代の日本において、聖書を読むリテラシーです。

その例として、一人の人間の誕生の神秘性を伝えるのが処女懐胎です。本当に処女が妊娠したという事実よりも、人の命ひとつひとつのかけがえのなさ、そして、親や自分の意志だけでは誕生できない素晴らしい巡り合わせを伝えるメッセージです。

【横糸と縦糸】

香子　古事記などもそのまま文字通り解釈できないように、聖書を文字通り解釈してはいけないということですね。けれど、どのように解釈したらいいかについては、具体的には分かりません。

神父　まずは、文字に縛られないこと。文字に殺されないこと。

歴史的背景、時空の流れという「縦糸」と、地理的・社会的背景という物理的状況の「横糸」を組み合わせます。そうして、多面的、多角的に読み解いていくと、視野が広がり、自己理解も他者理解も深まる多様性の視座に立てます。

香子　具体的なようで具体的ではないです。もっと具体的に教えてください。

神父　例えば、私は80歳でコロナに出会いました。コロナ、COVID-19は、聖書に文字通りには記されていませんが、縦糸と横糸を組み合わせて考えると、聖書のなかにある「疫病」の災難が、現代のグローバル社会で起こったとしましょう。聖書を自分の時代・場所に合わせて読めばヒントが得られます。

私はあらためて、未来に向かって生きようという気持ちになりました。それまでは、段々と活動量も減り、いかに人生の幕引きをするかを考え、暗い気持ちになっていたのですが、この機会に「まだすることがある」と前向きになりました。

それまでは「教えよう、伝えよう」となっていましたが、その思いから解放され、楽になりました。実は、コロナＰＣＲ検査の社会的実証実験に協力したことで様々な反応がありました。積極的反応もありましたが、批判や文句もありました。それらの反応にどう答えるべきか考えました。以前ならば反論や釈明していたかもしれません。しかし「もっと奥深い道を見つけることに自分の役割がある」と、気づかされたのです。

香子　聖書を縦糸横糸で深く読み解いてきたからこその気づき、そして指針につながったのでしょうか？

神父　はい。そうだと思います。聖書を縦糸・横糸で読むリテラシーを知らなかったら、そこからの学びを活用できず、急に現れた現代の疫病に振り回されてしまったことでしょう。

【正解はない】

香子　正解はないとはどういうことですか？

神父　一人一人の命の言葉、人生のことだからです。一つの答えはないのです。神さまも直接には答えてくれません。

香子　自分なりに解釈して良いってことですか？

神父　第一歩はそれです。神々に頼る前に。

先ずは、困難にあった時、自己責任、自分の問題とした上で、苦しい時に、「思い煩うことはない」という聖書の一文を想い出してホッとしたことがあります。「力なくとも大丈夫だよ」と言ってもらった気持ちになったことがあります。

それです。次のステップがあります。

香子　次のステップとはなんですか？

神父　心目からのそれが入ってくるのです。それは「どこから・誰からか不明の何か」が入ってくる。五感を超えるXが出現する。五感で視野を広げていく。見えるもの、聞こえるもの、触って感じられるもの、匂い、味など、五感で得られる身体感覚を超える空間。感情が動いているうちは命があり、五感が働いていると、感情に優る知性、六感が働きます。

香子　難しいです。

【語り尽くせない真実】

神父　頭で考えればそうでしょう。

人間の言葉では語り尽くせない真実、生命・人生は不思議なことの連続ではありませんか。

私は生きていると、まずは「感じる」のです。

ただ、頭の隅に「私はいる。悩んでいる自分」という意識があればいいのです。

最近、夢で見たことをお伝えしますね。

「私にはできません。無理です」と言い張る方がいらっしゃいました。

自分の目の前にある困難に対し、考える以前に答えを出してしまっているのです。

これは、聖書の伝えたいこととは異なります。

聖書全体を貫くメッセージは「死んでも生きる。潰されても立ち上がれる復活思想」です。

苦しい現状、超えられそうもない塀を超えるメンタリティ、ラクダが通れない壁の穴を通過する希望、奇跡を願う心です。自分はダメって決して思い込まないことです。

香子　うーむ。

そのようなメンタリティになりたいとは思いますが。

関根が訪問したナジャーハ大学・パレスチナ自治区には 40 余の大学がある。
（渡辺恵理撮影）

2　戦争・難民・疫病

【経済優先か人命優先か】

香子　今とてもホットな話題として、コロナ禍において、経済優先と人命優先と二分されていますが、聖書にヒントはありますか？

神父　旧約聖書で取り上げられる、基本的なテーマは3つあります。国家にとっても、富める人にとっても、貧しい人にとっても、奴隷にとっても、大きな影響のある大きな3つのテーマは、人の心から始まるケンカから発展する国家間の戦争、自然災害や経済政策の失敗によって起こる飢饉、食糧難による難民の問題、そして三番目、最も苦しいテーマが疫病です。これらは、人類史の永遠の課題です。

疫病については、100年に1回位ずつ新たな伝染病が発生しています。私が生まれた1939年頃は、チフス、疫痢、結核などが法定伝染病。当時は、法定伝染病にかかると、隔離されます。隔離された家の子が差別されたのを覚えています。

スペイン風邪が全世界で流行し多くの死者が出ました。古くは、メキシコやアステカ文明が滅びた本当の理由は疫病であったとも言われます。

聖書のなかでは、モーセも、ダビデも、人口調査をしたので、その〝天罰〟として疫病が起こったと記されています。

香子　天罰は、一般的には自業自得のように捉えられますが？　つまり、コロナに罹ったのはその人が悪いから自業自得だという考え方ですか？　それは嫌な考え方です。

神父　自業自得は、何もかも自分一人で、他者に頼らず成し遂げられるという思い上がり、日本で最近よくきかれる自己責任論に通じるのではないでしょうか。努力家やまじめな人は、その考え方を持ちがちです。聖書で言えば、サウル王がそうです。(ダビデは、自分には出来ないことがあると、自分の限界を認めていました。)天罰とは、自分の責任でも、他人の責任でも、科学的に原因がすぐさま検証できる現象でもなく、人知では理解できない災禍のこと。天罰は、人に対するものというよりもむしろ、地球という自然界全体に対するエコロジー現象です。

香子　分かりにくいです。

神父　コロナがなぜ発生したのかについては後世になって原因は突き止められるでしょう。しかし、今のタイミングでそれが起こる必然性については分かりません。その理由が検証できないという意味です。南海トラフ地震が起こる可能性は高いですが、いつ、どこで起こるかについては、発生してからでないと分かりません。そういう意味です。

そして、天罰とは、地球に無理をさせたために起こる現象として捉えます。決して、個々の人への罰ではありません。そもそも、個人が何ごとも自力で成し遂げることは出来ない。ある特定の人に対して責任を問うなんてことはあり得ないはずです。バベルの塔、現代風に捉えれば、あれは天災でしょうか、否、警告自戒のしるしです。

香子　そうなんですね。それなら安心です。

ところで、人口調査は必要なものの気がしますが、人口調査がなぜいけないのですか？

神父　人間が自ずと増えていくのが神様の考えです。それなのに、人間の数を数えるというのは、どういう意味だと思いますか？　しかも、当時は男子の大人だけを数えたのです。

香子　戦力になるから男子の人数を数えたのでしょうか？

神父　その通りです！

徴兵や徴税のために行ったのです。王の権力を増し、より強力で絶対的な権力者になることで、神の計画への挑戦として強大な権力を得ようとする姿勢に向かって、疫病が起こったのです。統治者らの本当の役割は、国民の命と暮らしを守るためなのに！ところが、本来の役割からはずれ、自分の力で自己の益のために行った政策の一つです。それは許されないのです。

統治者・支配責任者として理想とされる王としては、民を幸せにすることを最優先とし、見識、謙遜、間違いを認める勇気と決断力を持つダビデがいます（サムエル下24章 参照）。

香子　ダビデは人口調査をしたとさっきおっしゃられましたが？

神父　ダビデは人口調査も間違いであったと認めます。

もう一例、旧約聖書の預言者は王制に忠告しています。部族連合体でうまくいっていたイスラエルの民（神を信じている者）が、諸外国との戦争に負けてしまうので王制を望んだ時、当時の宗教・政治指導者であったサムエルは当初受け入れませんでした。王は民のために働かないようになるからです。

王には、民の息子を徴兵し、前線に立たせ、武器を造らせる権限がある。

王には、民の娘たちを召集し、労働させる権限がある。

王には、民の畑、ブドウ園、オリーブ園を取り上げ自分の家来に与える権限がある。

王には、民の穀物やぶどうの石高の十分の一をとって、家来に与える権限がある。

王には、民の僕やはしため、若者を自分のために徴用し、ロバを取り上げて自分のために働かせ、民の十分の一を取る権限がある（申命記 5章、出エ 20章 十のことば）。

と考えるようになるからです

つまり、民は王の奴隷になるのだとサムエルは反対したのですが、結局は王制を採用することになってしまったのです。

現代も同じですが、権力者が自分のためにさらに権力を大きくしようとすることがあったのですね。リーダーの強欲のせいで、より多くの国民が苦しい思いをすることになります。コロナ対策もそうですよね。疫病が人災となることも想像されます。

香子　けれど、結果的に言えば、私達が選んだリーダーですよね？　「トップのせいだ」と言ってしまうと、そこで思考停止になっちゃいますよね？

神父　選挙制度の盲点で、この前の都知事選もそうですが、せいぜい50％程度の投票率です。半分は投票しない。「投票しても何も変わらないから」と諦めてしまい、政治に期待せず、自分の生活が維持出来ればそれで良いと考えている人が多くいます。

香子　それは、きつい言い方をすると、自分さえ良ければいいという利己主義ではないですか？

神父　その通りです。自分だけの世界に閉じこもるということは、自分の生れてきた人生を台無しにします。このような論争で、賛成か反対か、善か悪か、という討論はむなしい。それよりも、常に、違いがありながらも、考え方や価値観は違っても、両者が共に生き続けられる道を探す。そうすれば互いに両者とも「生き残れ」ます。

これが聖書のあらすじです。つまり多様性です。

香子　それを聞くと聖書はとても素敵です。

神父　私もそのような聖書の読み方をするようになったのは、20年前くらいからです。それよりさらに前にオングさんの本、「Orality and Literacy」を聞いていたことが気づきにつながったと思います。

【共に未来に向かっていくこと】

香子　違う者同士が協働し合って未来に向かっていくことについて、聖書のどの辺に書かれているのでしょうか？

神父　創世記50章のヨゼフの言葉がその代表です。ヨゼフの兄たちは、自分たちが妬みから殺そうとした弟ヨゼフから復讐されることを恐れましたが、エジプトで宰相となったヨゼフは次のように言いました。

「恐れることはない。わたしが神に代わることはない。あなたたちは私に悪を企くらんだ。しかし神はそれを善に変えた。それは今日あるように、多くの民の命を救うためだった。だから、心配することはない。わたしはあなた方とあなた方が扶養する者を養う」（創世記50章より）

こうしてアブラハムの一族は５００年間近くエジプトに滞在することになります。

また、マタイ福音書冒頭にイエスの系図が盛り込まれ、その中に４人の女性の名前がある。ユダの子孫を残すために知恵を尽くした異邦人タマル、敵の民を救う働きをしたカナンの娼婦ラハブ、姑に仕えたモアブ人のルツ、ダビデが姦淫したウリヤの妻・ヒッタイト人のバテシバ。

男社会である聖書のなかに女性が盛り込まれているということは、今はやりの言葉で言えば、敵も味方も、富める人も貧しい人も人間として同じに扱うという思想です。

なんと！この時代から、女性活躍の思想も入っていますね。

香子　まさに、今はやりの、ダイバーシティ＆インクルーシブの考え方が聖書にあったのですね！

神父　インクルーシブを先にして、インクルーシブ＆ダイバーシティの方が聖書の考え方には沿っています。

香子　なるほど。深いですね〜。

神父　そして、固い言葉で言えば、「神様は歴史の中で働いている」ということです。世界史・地球史のスケールで見れば、人間の力を超える不思議な力が働いているということです。誰一人として自分の思う通りにならないものです。

香子　藤原道長が「この世をばわが世とぞ思ふ望月の欠けたることもなしと思へば」と詠みましたが、それすらも一瞬の栄華ですものね。

歴史の中の働きによって、違う人々が喜こんで生きられるのが聖書のメッセージです。互いに「密」に関わりあっているのでは無関係のようでも「命と欲と愛の三位一体」が大切になります。

香子　ところで、今、コロナ禍における経済か命かという点についてはどうなんでしょう？

神父　どちらか一方というよりも、両者が協調しあって未来への選択肢を複数考えていくということではないでしょうか。一つではない、複数です。

たとえば、十分に討論されず考えられた「Go to」キャンペーンよりも、安全な場所に安心できるな方法で行くやり方を示すことが出来るのではないかとも思います。コロナは2020年8月時点で正体が不明です。風邪のようなものであるとも言える、一方で、後遺症が長引く、血栓ができて若い人でも重症化し亡くなる恐ろしい病気とも言えます。正体不明ですから、大きな所帯である政府が、情報収集がままならなくて、右往左往してしまうことも現実的には仕方ないことだとは思いますが、今すぐ行うことは何か。そのためには一時的事柄の前にこれからの展望、政策の方向を示し適宜修正する勇気と決断力。

香子　そんな中でも聖書から示唆はあるのではないでしょうか？

神父　一人でも多くの人が健康で安心して暮らせるよう具体的な対策を講じるべきです。ＰＣＲ検査や抗体検査を、希望すれば誰でもどこでも安価に受けられるようになるようになったら良いと思います。個人の行動は自己責任で、同時に行政は防止の治安対策も明示する方がよいでしょう。その上で、命が生きられるための経済活動をするための施策を提供する等。

香子　そうすると、財源の問題になってきますが。

神父　マスクを配るなどよりは先ずその財源を検査に回すなどはありますね。忘れてはならないことは、税金は国民の資産です。国家の私有財ではありません。又、一時的には財のある方が寄付すべきです。低所得者への増税はあってはなりません。日銀としては一時的に国民から借りて長期的な対策を示すはずです。

香子　財源がないのでは？

神父　戦闘機を一機買わないなどすれば、そのお金くらい捻出できそうです（笑）。国のお金は国民生活を支えるために使うはずです。すると、疫病対策として政府や行政機関が最優先にすべき策は生命です。行政機関は住民の暮らしを維持するシステムを提供することです。通勤時間帯の拡大とか一時的経済活動がストップしても生活できる方策などがあります。

香子　いったん予算が決まるとそうそう簡単には変更できないのではないでしょうか。

神父　統治システムが複雑すぎますね。生活保障をもっと拡げる、なんてことが出来ないのでしょうか？

香子　それは、ベーシックインカムの思想ですね。

神父　ベーシックインカムって何ですか？

香子　ベーシックインカムとは、最低限所得保障の一種で、政府がすべての国民に対して最低限の生活を送るのに必要とされている額の現金を定期的に支給するという政策です。フィンランドでは実験が行われています。

神父　いいですね～。それはまさに聖書の思想です。共同体で住民の生活を支えるというもの。トップは全員が誰一人見捨てられずに生きるための決断が出来なくてはいけません。

いのちとお金は神様から与えられた最高の賜物です。命かお金と選べるものではありません。ここでいうお金とは、そもそもは、パンのこと、食べる糧のことです。

ですから、先ほど申したように、二者択一で考えてはいけないのです。違った考え方を持つ人たちが共に生きのびられる新たな発想、第三の可能性を探すことが大切なのです。富は個人資産ではありません。人類の共有財です。もちろん現行の日本の法では、私有する人の良心によってしまいますが。

香子　色々なことのヒントが聖書から得られるのですね。これからお話をさらに伺うのが楽しみになってきました。

入植予定地に入るイスラエル兵（山畑俊樹撮影）

3　コロナ禍での生きる姿勢

試練と忍耐の時空に生き残る知恵

【聖書から学ぶ、政治・社会の役割】

香子　2020年に入ってから世界中でコロナが広がっています。日本も例外ではなく、コロナの影響を受けている人が大勢います。私の周りにも、飲食店の経営者やエンターテイメント業界に携わる人がいて、これからどうやっていこうか、頭を悩ませている方が何人も居ます。私自身も彼女・彼らに比較すれば小さめですが、やはりマイナスの影響を受けています。自分で対応できることもあるとは思いますが、やはり国や地方自治体の助けが必要だと思います。地球規模のコロナ禍のなか、どの国も完璧な対応がすぐ出来るとは思いません。それでも日本政府の対応は後手後手に回っているように見えます。コロナ禍における政治や社会の役割や対応について、聖書からどんな学びが出来るのでしょうか?

神父　歴史上人間はずっと疫病に悩まされてきましたが、最近は科学やテクノロジーの進歩のおかげで、特に先進国は小康を保ってきました。今回のコロナは、人間が地球や自然を思いのままにしようとしたせいであるとも言えます。どこかに小さく潜んでいたウイルスを掘り起こしてしまったのは人間です。だから、これからはもう少し人間が地球や自然に対して謙虚になることは必要でしょう。

今言ったことは、長期的視点ですが、短期的にコロナに目を向けると、行政が現場のニーズをつかめていないようです。多くの政治家たちは、自分たちや自分たちの周りに居るような人たちの立場でしか物事を見ることができず、結局は、既得権益を持っている人たちを優遇し、弱い人たちを遠くに置く政策となりがちです。SNS等で弱い人たちを無視することに対する批判の声が大きくなると、取り入れることもあるようですが。

政治家たちは自分たちが裕福な立場にある、ということに気づき、感謝し、且つそうでない立場の人のことを思いやる姿勢が求められているのでは？

彼らの姿勢・価値観の問題でもありますが、日本の社会構造の問題もあると考えます。

アブラハムの話をさせてください。彼はエジプト文明とメソポタミヤ文明の狭間から逃げた人物でした。帝国の間に置かれる日本の立ち位置に似ています。

創世記12―50章の物語は「一人の人生」と「国家の成立と発展」の物語としてつむがれています。

【日本はタテ社会】

神父　さらに、私は、日本社会は伝統的にタテ構造の社会とみています。社会人類学者の中根千枝さんの『タテ社会の人間関係』（講談社）という本があります。１９６７年に書かれたもので、半世紀以上が経ちますが、その後の日本社会、少しは変わったかもしれませんが、依然タテ構造は幅を利かせているようです。聖書社会も男性支配・タテ社会です。

香子　タテ構造の社会ってどういうことですか？

神父　たとえば、東京にコロナ感染者が増え、「地元出身者だけれど、東京から帰省した人を避ける」ようなのはタテ構造の社会の例ですね。

どの社会も、個人は何らかの社会集団に属しているもの。集団を構成する第一条件は「ヨコ」関係です。弁護士や医師といった一般的に思いつくような層だけではなく、もっと広いもの。氏など生まれながらのものから、学歴・地位・職業、女・男・老・若なども あります。ある人を他の人と分かりやすく区別できるような属性のことです。そのような資格というか生活の層が第一の条件で成り立つ集団は、構成している人たちが同質で貧富の差はあっても協働関係にあり、並列なヨコ関係が機能しやすく、「ヨコ」組織として暮らせます。

一方で、場が集団構成の条件として「タテ」組織も必要です。地域や会社など、資格地位を前提として、集団が構成されています。例えば、○○病院に勤めている、というのは場による定義ですし、医師、看護師、医療療法士、医療事務、清掃業者などはその場にいる資格です。患者はその場にいる条件です。地域や会社といった、場の共通性によって構成された集団は、序列、つまりタテ構造も必要です。そこで、「タテ」組織と、これも便宜的に表現します。

香子　なるほど～。「私は○○出版社に勤めています」というのが、場、「タテ」組織的な自己紹介で、「私は編集者です」というのが、「ヨコ」組織的な自己紹介ってことでしょうか。

【旧約聖書の世界もタテ社会】

神父　そうとも言えるかもしれませんね。

聖書的視座とは、今の居場所で立ち上がり、天と地の間にいる自己として高い山を見る時、遠い水平線の彼方を見据えて知性を養う「心」となることです。

先に進めますよ。

日本社会の人間関係は、個人主義・契約精神の根づいた、欧米とは、大きな違いがあります。「場」を強調し「ウチ」「ソト」を強く意識する日本的社会構造です。私の考えでは、縄文から現代まで、タテ構造が日本社会における基本と考えています。

香子　また、新しい言葉が出てきました！

「ウチ」、「ソト」って何ですか？

神父　同じ集団内にいるものを「ウチ」、それ以外のよそ者を「ソト」と言います。ウチ・ソトを意識するとウチ同士の結びつきは強くなり安定しますが、一方で、ソトの人間は人間とも思わないような傾向が出てきます。外人（ガイジンという呼び方も一例です）聖書にも異邦人とか余所者もいます。

香子　ウチは味方でソトは敵？

神父　単純化すればそうなってしまいます。

そして、旧約から新約の聖書の世界も、日本と同じようにタテ構造です。又、地域という「場」も重視されています。だからこそ、聖書の中に今の日本に対するヒントがあると思います。

聖書の世界では、王は民から選ばれました。日本もそもそもは、多くの王が乱立する中で統治する一人の王が選ばれ天皇となっています。後から権威をつけるために天孫降臨、現人神といった概念が出てきて神格化されましたが、元々は部族長の中の首長です。聖書の世界と同じです。

香子　場を重視するタテ構造の社会では、王制がいいということでしょうか？

神父　ダビデは、古代イスラエルの二代目の王です。天然の要塞であるエルサレムを陥落し、首都とし、イスラエルの十二部族を合衆国として一つの王国に統一した優れたリーダーです。彼は、神から選ばれ、神から任命された王です。ところが、ダビデの子であるソロモンは、部族王の域を超え、自身が礼拝の対象である皇帝になろうとしたために、知恵のある者とされていたにも関わらず国家を分裂させてしまいました。ソロモンは、行政司法の統治権、徴税権、徴兵権に加え、祭祀権も手にしました。

香子　それのどこが悪いのですか？

神父　ソロモンは、大きな神殿を建てました。その時に祭祀の役割を自分で果たします。落成式(献堂式)の祈りを自分で行ったのです。ソロモンは、神の領域まで踏み込んで、神に代ろうとしたのです。王制度は必要悪。平和な部族主義であったイスラエルが、周りの強国から攻められた時、戦うために強大なリーダーシップが必要として王を立てたのです。本当は豊かな国家となれば、自国のためだけではなく全人類のための方策をたてるはずなのですが…。(列王記上8章14節以降、歴代史下6章3－11節)

香子　神になろうとした男！　日本でもそんな人がいて結局は滅びましたよね。今のアメリカ、中国、ロシアももしかしたらそんなものかもしれませんね(笑)。

【失敗を認められるリーダーに託す】

香子　ところで、コロナ禍における政治や社会の役割や対応についてから、話題が随分ずれているような気がしますが（笑）？

神父　前提を説明しようとしていたのですよ（笑）。背後に隠されている真実を知ることこそ重要です。旧約聖書は「きれい事の奥の真実」を隠しません。

昔から続いているタテ構造の負の部分が現在は出てきているのだと思います。タテ社会に属し、ウチの人たちの中で生きている限り、小さな内輪もめはあるかもしれませんが、一種の安定があります。視線も思考もウチ向きになり、「今のままでいい」と考える傾向が露呈してしまっているのではないでしょうか？民主主義と言いながら、選挙に行く人が少なくなっている、それも理由の一つだと思います。初めから諦めている、もしくは行くことに意義を見出せない人たちが生まれてしまった。民主主義が成り立っていないと感じます。

ということは、投票に行く人が少ないから、コロナ禍での行政や社会の役割や対応があまり機能していないと？　風が吹けば桶屋が儲かる的に感じられますが。

仕組みの視点から考えると、今の日本のような体制よりは、聖書の時代にあった、十二部族の連合体制が良いと思います。例えば、提唱している方もいますが、道州制などはどうでしょうか？　各道州が部族でその上に総理大臣が王ですね。道州の代表から総理大臣を選べばいいのです。どうせ、投票率が低いのですから。

しかし、それには長い時間がかかると思います。一代では難しい。提唱や行動しながらも辛抱強く時を待ち、課題を乗り越える精神が求められます。本来の宗教の役割とも言えます。たとえば、マザーテレサのような人物が出続ければ変わるかもしれませんが…。忍耐ですか？　時ですか？　すぐ実現しません。

香子　長い時間がかかる。道州制は良さそうにも聞こえますが、ホントに機能するのですか？

神父　トップが賢明ならば、出来ます。たとえば、ダビデは部族連合の王でした。各部族が各々力を持ち、その上に立つ王だったわけです。彼は部族を束ねる能力があり、ダビデの治世は概ね十二部族を統率してうまくいったと言えます。疫病にも飢饉にも戦争にも適切に対応しました。そして、彼のすごかったのは、失敗をしたら修正した点です。リーダーとして優れた性質ですね。ダビデは旧約聖書の中で、統治者として、国家繁栄を遂げた人として、戦争がうまい人として、理想のリーダーに近い特別な存在として捉えられています。

香子　失敗を修正するって、今の政治家たちは失敗を失敗と認めることすらしてないですが？

神父　ダビデにはすぐれた預言者がいました。

ダビデはイスラエル部族を統一し、内政を安定させただけではなく、諸外国にも力を及ぼし、国力を高め、征服で得たもので国庫を豊かにしました。素晴らしいですね。しかし、ダビデも人間ですから過ちを犯すことはあったのです。自分の部下であるウリヤが戦地に出ている間に、その妻バテシバと不倫します。酷いことに、それを隠ぺいするために、ウリヤを、危ない戦闘の最前線に送り込み、戦死させてしまいました。その時、ダビデは預言者のナタンからたいそう怒られました。すると、「私は主に対して罪を犯しました」と認めます。

香子　不倫は嫌いですし、相手の夫を殺してしまうなんて現代の日本の目で見たら非道でしかありませんが、ちゃんと過ちとして認める点は、いいですね！　ダビデみたいな人が総理大臣になればいいのですね！

神父　ところが、そんなダビデでも、やがて老害となりました。ダビデは死ぬ前に後継者を選びました。部族を束ねる能力がある子を、後継者として選ぶべきなのに、多くの妻のなかでも最も愛情を注いでいたバテシバからの、「自分の産んだ息子ソロモンを後継者として指名してください」との頼みを断れず、ダビデはソロモンを指名したのです。立派な王であったダビデも、死ぬ前には、王としての判断が出来なかったということですね。

【コロナ禍での心構え】

香子　なんだ、結局はそういうことですか。理想の政治体制なんてないんですね。聖書の中にコロナ禍に対して何かヒントになりそうなことはないのですか？

神父　それに関しては、旧約聖書は、律法、説教・歴史書、詩歌書、預言書、ことわざや小話を集めた知恵文学があり、いくつもの物語（エッセイ、ヨブ記など）で成り立っているんです。新約聖書は福音（イエスの語った事となした行動）、歴史、書簡、黙示文学、説教（旧・新、両方にあります）から成り立ちます。そして、歴史書部分では、多くの場合、疫病や飢饉、戦争がテーマになっています。

疫病と言えば、「列王記下」の5章に一つの例があります。シリア軍の司令官であるナアマンはハンセン氏病にかかっていました。シリア王のバックアップもあり、イスラエルの預言者エリシャに会うことになりました。その時、エリシャは使いの者をやって「ヨルダン川で七度身を洗いなさい」と言わせただけでした。ナアマンは、エリシャが自ら治療してくれるものと思っていたのに、ただ川で身を洗えと言っただけなので、怒って立ち去りました。けれど、家来たちが説得したのですね。「川で身を七回洗うくらい簡単なことなので、やってみたらどうですか？」。ナアマンの偉いところは、家来たちの言うことに耳を傾けたことです。そして、エリシャの言う通り、ヨルダン川で七回身を浸したところ、皮膚病が治り、その副産物で、心も清くなり、その後は以前にも増して活躍できました。

香子　ハンセン氏病って今は治るけれど、昔は伝染性もあるし、治らないとされていた怖い病気でしたよね。そんな川につかったくらいで治るなんておかしいです。

神父　聖書は文字通り読めばいいというものではなく、リテラシーをもって読まなければならないのですが、それについて説明しだすと長くなるので別の時に説明しますね。

これは奇跡の話ですが、不思議の点にポイントがあるわけではありません。疫病になったら、自らそれを治療するために進んで行動を起こしたこと、そして、人の意見にも耳を傾けて治療を受け、疫病が治ったら、差別されることなく以前と同じ立場をそのまま続けられたという事実です。

余談ですが、奇跡とは本当は、「心の持ちようが変化」することです。疫病になったとしても、それに囚われずに自由にはばたく心を取り戻すことが奇跡です。

香子　なるほど～。コロナにも同じことが言えるわけですね。自分が感染したと思ったら、他の人の言うことにも真摯に耳を傾けながら、検査なり治療なりの行動をとるのが大切だ、ということ。

神父　それだけではなく、コロナにかかった人を差別しないことも大切だという点も忘れないでほしいです。その人の「自己責任」ではありません。世の中全体の課題が、たまたまその人にやってきただけです。

香子　分かりました！？　コロナにかかったことで近所の人たちの偏見を苦にして自死してしまった人もいますもんね。

神父　疫病にかかる、コロナにかかるということはそれだけで本人や周りの人たちがしんどい思いをしているということです。その上に更に重荷を負わせるのはどうでしょう？　重荷を軽くしてあげるのが社会の役目の一つじゃないでしょうか？

香子　私も社会の一人ですね！　気をつけます！
他にも聖書に例があったりしますか？

神父　聖書ではないのですが、キリスト教の背景で言えば、アカデミー賞を取った映画「ベン・ハー」にも疫病に関する描写があります。主人公であるベン・ハーの母と妹がハンセン氏病にかかったことで、「業病の谷」という場所に自らおもむきます。つまり、隔離です。その際には、食事など必要なものを分かち合う慣習もありました。隔離された中で生き延びられるのです。この母と妹は、イエス・キリストが十字架の刑に処された時に「まるでイエスが世界中の苦痛を背負って」くださったように、一瞬身体中が痛くなったあと、病気が治ってしまいます。そして、ベン・ハー（主人公）と再会するというお話です。

香子　また、奇跡が出てきましたね～。映画としてはここで治らないとハッピーエンドになりませんからね（笑）。

神父　ここで大切なことは、疫病を蔓延させないために隔離がありますが、一方でその隔離された人たちに対する助けを提供する精神が、人々の中に当たり前のこととして「ある」という社会です。

香子　そうですね。そうすると、安心できますね。さっきの社会の役目ですね。政治や社会の話は伺いましたが、一人の人、例えば、私はどのように、このコロナ禍の中を過ごしたらいいのでしょう？　正直言えばそれが一番知りたいことなんです。

神父　聖書の中には明示的に書かれてはいないのですが、二つのことが示唆されています。

一つ目は、感染しない・させないために、免疫力、自然治癒力を高めることです。ちゃんと食べ、しっかり休み、寝て、心を落ち着かせること。聖書の中で描かれる疫病は終息に3年以上かかっています。長期戦なので、まさに、「恐れるな、心配するな、患うな」の落ち着いた心で過ごすことが大切です。寛い豊かな心で、自分が感染しているが発症していないくらいの気持ちで慎重に行動する方がよいのでは…。

また、安息年という考え方が聖書にはあります。6年間は畑を耕し、作物を育てて収穫します。しかし、7年目は安息年とし、土地を休ませるのです。今は地球の安息年なのかもしれません。

そして、出来れば、これからできる何か技術や仕事を見つけること、知と技をみがくこと、心を豊かに養う時とするのが良いでしょう。それについて考えるためには誰か他者と対話する方がいいのです。

従って、二つ目は、友達を作りなさいということです。人間の誕生がそうであったように、自分一人だけで生まれてきたわけではないのです。友が必要です。人間の友が難しければ、動物でも木でも良い。自然とのかかわりが最も必要です。

香子　なんかとても当たり前のことのようですが。

神父　私の50年以上の神父生活で沢山の人たちを見てきた経験からすると、これは間違いないです。当たり前のことのなかに大切なことがあったりするものです。当たり前と言いながら、出来ていますか？
あたり前のことが最も難しい。

香子　そう言われると、出来てないです。

【コロナも希望への道筋】

神父　このコロナ禍を生き残ることで、災い転じて福となすようにチャンスに転じることも出来ます。

香子　どういうことでしょう？？？

神父　私は子どもの頃に、戦争を知っています。戦前戦後での色んな意味での変化も見てきています。

昭和21年4月、終戦の翌年4月国民学校に入学しました。戦時中は必ず強要された、校門の奉安殿で帽子をとって敬礼をしなくてもよくなりました。「鬼畜米英！」と外国人を敵視していた大人たちは、進駐軍兵士におべっかを使うのが当然のように変わってしまいました。子ども心におかしいと感じましたが、口には出せませんでした。

先生方の多くはアメリカ人万歳と考えるようになってしまいました。「アメリカみたいに物が沢山ある国になろう！」と。確かに食料難でした。衛生状態も良くありませんでした。アメリカから、粉ミルクやシラミを退治するＤＤＴが提供されました。

もっと強烈な記憶は、終戦前夜８月14日の、米軍機の約10㎞にわたる２列縦隊の熊谷絨毯爆撃です。私は縦隊のド真ん中に居たから今生きている。直撃で死んだ人もいました。

戦争は痛ましい。辛い記憶は残るもの。戦後、父に連れられて、東京の上野に行った時に、戦災孤児たちの姿を見ました。彼らは家も家族も失い、靴磨きなどをやっていました。必死に生きようとする子どもの姿です。

戦後の都市の悲惨さは、バビロニアによってエルサレムが滅ぼされた時の「嘆きの歌」にありますが、それにつながります。名もない庶民の子供たちが必死に生きるという歌です。

又、シリアを訪れた時も、イスラエルとの戦争によって親を亡くした子供たちが沢山いました。子どもや足の不自由な年寄りが、ホテルの前で物乞いをしていました。その数が余りに多くてやりきれない気持ちになりました。ところが、その時私を乗せて回ってくれていたタクシーの運転手が、その人たちに必ずお金をあげていました。理由を聞いたところ、「習慣」とのこと。小銭を必ずポケットに入れておいて、物乞いの人にあげられるようにしているそうです。彼はイスラム教徒。それほど熱心な信者でもなく裕福でもないけれど、施しの教えを守っているそうです。食うや食わずの中で貧困に苦しむ民が施しをする、ということが痛いほど心に響きました。貧しい者同士が助け合っている。「国家から取り残された貧困者の中に本当に生きていく魂があるのだ」という旧約の哀歌の深さを思うようになりました。そして、自分は大きなことは出来ないけれど小さな事ならば出来ると思いました。それも、この本の内容の一つです。

※エレミヤは、旧約聖書に出てくる預言者の一人。紀元前7世紀末～紀元前6世紀前半の、バビロン捕囚の時代に活動した。「エレミヤの哀歌」を作り、エルサレムの陥落とエルサレム神殿の破壊を嘆いた。

香子　神父様が悲惨な戦争を経験したことから、神父になろうと思ったり、この本を書こうとされたりが、災い転じて福となす、という一つの例なんですね。

神父　そうです。

【コロナ禍での生きる姿勢】

神父　そして、もう一つ具体例、生きる姿勢の話をします。

私は中学生の頃から、「どうしてボクを生んだの!?」としょっちゅう母に口答えしていました。あの頃はただの反抗期だったのかもしれませんが、そこから「なぜボクは生まれたのだろうか?」という問いになり、神父への道につながったのかもしれません。

コロナ禍をいかに生き残っていけるかは、「自己の見識をどこまで広げられるか」ではないでしょうか?

そういう意味では、旧約聖書の預言者たちの思想から、さまざまな示唆が読み取れます。彼らの視座に立って歴史を鳥瞰することも出来ます。なぜなら、シラ書にあるように、時空に拘束されていても、自由な発想で、生き続ける道を開拓し続ける知性が、人間には神から与えられているからです。

課題や壁はいつでもあります。それが実は、他者または自分自身の経験から学ぶことのヒントを見出せるとしたら？

「私は、他者は、どうしたのか？」

これらをサピエンス（考えながら）しつつ、整理し、深め、行動できる人は、生き残れるでしょう。

どんな困難の中でも生き残る道を探そうとする心が、旧約聖書を通じて伝わるメッセージです。

香子　なかなかハードルが高そうです。

でも、それが出来そうな、預言者っていう賢い人たちがいたと思うのですが、殺されていませんか？　生き残っているとは言えません。

神父　はい、その通りです。しかし、彼らは死んでも生きています。
こうして無名の無力の私に知恵をさずけてくれています。

香子　興味深いです。どんな知恵ですか？

神父　見えないところを観る心。
聞こえない声を聴き分ける耳。
さわれない事がらにも触れる感性。
意識に今、上がってこない言葉を待つ忍耐。
心配や恐れを打ち消す勇気などなど。
命の力に夢を託せるメンタリティーです。
私の中に今はない恵み、天使の訪問を待つ祈り。

（シラ書17章）

香子　とても素晴らしく聞こえますが、どうすれば、そのようになれるのですか?

神父　方法は簡単ですが、実行は生易しくないものです。

香子　簡単な方法を教えてください!

神父　自分を信じるのがスタートです。
ほとんどの人がスタートラインに立つ前に挫折するからです。
そこに立ち、天の声に応えてGO!です。

「自分を信じる」、今はやりの自己肯定、自己受容というものでしょうか?
日本人の多くはそれが低いというデータがあったような。まずはスタートラインに立つのが難しそうですね。その上に、天の声に応えて。ううむ。ちょっとこれは手に負えません。またゆっくり時間をとりましょう。

香子　はい、分かりました（笑）。

神父　ところで、ちょっとした言葉が浮かびました。

【コロナ禍を転じて福となす】

神父　ホモサピエンスの知力。

人類史は争い、飢饉、疫病との闘いに生き残る民（個人ではない）の歴史。

この記録は文書にも文字でも書き尽くせない。

子々孫々と連綿と続く人間の記憶。

記憶は人によって違うから真実が分かる、見えてくる。

それほどに世界は広く、人の心は高く深い。

疫病でも人類は滅びない。(犠牲者は出ても)

二十一世紀の課題は疫病と預言されていた。
備えていなかった国家は慌てふためいている。
小さく生きる民は幸いだ。艱難辛苦の中も生き続けているから。
私は「そんな人」になりたい。
心配よりも、危惧よりも、尊い授かった命を大事にしよう。

見えない明日を空想するよりも、
食べられる中に　記憶を整理しよう。
新しい智慧はそこにヒントが隠されているから。

この真実はヨゼフの生涯に表象されます。(創世記35—50章)

ガリラヤ湖畔に働く漁師。イエスの時代、ペトロを思い起こさせる。
（山畑俊樹撮影）

4　欲と取引から契約社会へ

エコノミーは家計・経営する心から

【命と欲と愛は三位一体】

香子　神父様は、欲は良いものだと仰いますが、今は資本主義が行き過ぎて、一般的には良いものだとは思えないのですが。

神父　欲を金銭面だけに限ると、そう感じてしまうのも仕方ありません。しかし、欲は様々。生きのびる欲、成長への欲、人とつながりたい欲、また、人に親切にしたい欲などはどうですか？悪いものというよりも、あって当然ですし、良いもののように思えませんか？

人間は、自分一人で勝手に産まれてきたわけではありません。多くの確率が重なり産まれてくる、人の生命の誕生は素晴らしい恵み。食欲、睡眠欲や性欲、安全な生活空間を確保する欲、子孫を産み、仲間を作る欲、成長、学ぶ欲は、生命と結びつき素晴らしいもの。その欲は一番高次の次元になると自分だけが生き延びる欲を超えて、仲間として人類として共に生き延びる「愛」という形をとるのではありませんか？　人間が産まれついて持つ欲、その最高の表出である愛は、命と合わせて、ある意味で三位一体とたとえられます。相互につながり結ばれています。

【三種類の愛】

神父　ちなみに、聖書の愛は三種類に分けられます。エロス、フィリア、アガペーです。エロスは、皆さんが想像する性的なものではなく、人間が満たされたくて何かを求める、憧れる心です。命の中にある「求める心、探す心」です。対象は人間だけとは限りません。次の段階の愛がフィリアです。博愛・友愛などと訳されますね。分かち合う関係です。アガペーは、エロスが求めるのに対して、与えられ、与えるものです。金銭では手に入らない無償の愛と言ったらいいでしょうか。恵みとして受ける愛です。

香子　ちょっと難しいです。分かるような、分からないような。ただ、欲が必ずしも悪いものではなく、良いものであるかもしれない気はしてきました。

神父　そうでしょう。なんでも一方的なものはない。欲もある時には悪だったり、ある場合には善だったりします。愛も同じです。

香子　人間もそうですよね。犯罪を犯してしまうような人でも、その家族にとってはとてもやさしかったり。

それで、欲ということから、聖書のなかで取引や契約がどのように扱われているかについて聞いていきたいのですが。

【アブラハムは相手のニーズをつかむのが得意だった】

神父　旧約聖書には、約束や取引がたくさんあります。信仰の書であるのに、不思議です。なんだかビジネス書みたいでもあります。

聖書は人間関係の関わり、大胆に言えば「取引」の歴史です。

まずは、聖書の民のルーツと言われるアブラハム一族は、豊かで力を持つ文明国家シュメールの地から、神様の言葉を受け、旅立ちました。女・子供、家畜である羊を連れ、テント生活で移動しながら、新しい土地によそ者として入っていきます。入り込める土地はあっても、水が問題です。水は潤沢にはなかった。水がある土地に入る時には、そこのボスに挨拶し、水を使わせてもらうようにしなければなりません。アブラハムは自分の妻、子、孫たちだけではなく、甥であるロト一族とも一緒に行動しています。それなりの人数です。この、それなりの人数の生活を新しい土地で受け入れてもらうためにも、アブラハムはとても取引や交渉が上手でした。上手にならざるを得なかったのでしょう。

ある時、アブラハムが滞在していた土地にひどい飢饉が起こり、彼らはその地を出て、エジプトに行きました。エジプトに入る前に、妻であるサラに対し、「わたしはお前が美しいのを知っている。エジプト人がお前を見れば、『あれは彼の妻だ』と言ってわたしを殺し、お前を生かしておくだろう。お前はわたしの妹だと言ってくれ。そうすれば、お前の故に懇ろにもてなされ、またお前のお陰で一族の命が助かるだろう」と言いました。

実際にサラはエジプトの王であるファラオの宮廷に召し入れられ、その代わりに羊、牛、雄ろば、男女の奴隷、雌ろば、らくだがアブラハムに与えられました。自分の妻を、新しく入った土地のボスに差し出すのです。現代社会の仕組み、道徳観で言えば、とんでもないことですが、全く違う時代の異なる場所での、道徳観の異なる状況での言動です。その時代にはそもそも、妻自体が夫の持ち物とするのが常識だったのです。しかし、結局はファラオに嘘がばれて、サラは戻ってきますし、もらった財産はそのまま自分のものになりました。ファラオの心のうちを読んでいたと言えましょう。（創世記12章10〜20節―同20章）

また、創世記18章にはこんな例もあります。

「主はマムレの樫の木の傍らでアブラハムに現れた。日盛りに、アブラハムは天幕の入り口に座っていた。目を上げて見ると、三人の人が彼に向かって立っていた。アブラハムはこれを見ると、地にひれ伏して、言った、『ご主人さま、もしよろしければ、どうか僕の所を素通りなされないでください。水を少し持ってこさせますから、どうぞあなた方の足を洗って、この木の下でお休みください。何か食べ物を少し持って来ましょう。それで元気をつけてから旅をお続けください。せっかくあなた方が僕の所をお通りになったのですから』」

3人の旅人を神様の現れだと察し、丁寧にもてなしたアブラハムは、恵みをもらえるのでした。月経すらなくなった年老いた妻に跡継ぎであるイサクが生まれることになるのです。余談ですが、旅人をもてなす慣習は同時に新しい情報を得るチャンスでもありました。

更に、アブラハムが取引上手だと分かる箇所が創世記18章に続けてあります。神様が、性的に乱れきった地、ソドムを滅ぼそうとされた時に、神様に向かって取引を持ち掛けるのです。

「あなたはほんとうに正しい者を悪い者と一緒に滅ぼし尽くされるのですか。あの町の中に五十人の正しい者がいるとしましょう。それでもあなたは、ほんとうに町を滅ぼし尽くされるのですか。その中にいる五十人の正しい者のために、町をお赦しにはならないのですか。正しい者を悪い者とともに殺して、正しい者と悪い者を同じに扱うようなことを、あなたがなさるはずがありません。それはありえないことです、全地を裁く方は公正を行うべきではありませんか」。主は仰せになった、「もしわたしがソドムの中に五十人の正しい者を見つけるなら、その人たちのために町全体を赦そう」。

アブラハムは答えて言った、「わたしは塵芥にすぎないものですが、あえて主に申しあげます。五十人の正しい者に五人欠けているとしましょう。五人のために、その町全体を滅ぼされますか」。主は言った、「もしそこに四十五人見つけるなら、わたしは滅ぼさない」。

このやり取りを何度も続け、最後には十人正しい者を見つけたら滅ぼさないとまで神は約束した。結局は十人いなかったので、ソドムは滅ぼされてしまうのですが。神様の心の奥を読んでここまで取引できたとは、さすがアブラハムです。アブラハムは、人の、そして神様の心やニーズを知ることに長けていたのです。相手をそれだけ真剣に知ろうとしていた。これは、今のビジネスの世界でも当てはまりそうです。

現代の相続とは少し異なりますが、行動と暮しを共にしていた甥のロト一族と別れる場面があります。これも、本家分家の財産争いが起こりそうな火種とにていますが分裂を避けるための知恵です。アブラハムは人の考えや気持ちの先を見越すのが上手だったと言えましょう。（創世記13章）

そして、アブラハムのこの才能というか、賢さは、人をだますものとは違います。一族を守るための公平な取引をするためでした。

【聖書の中の契約】

香子　契約という視点からはどうなのですか？　アブラハムに限らず、なぜ聖書の世界では、契約が沢山出てくるのでしょうか。

神父　旧約聖書は、実は色んな背景の口頭伝承や書かれものをまとめて文書化したものです。旧約聖書は紀元前5世紀頃から編纂が始まり、ほぼ最終的な形になるまで500年近くかかっています。そのルーツは紀元前2千年頃まで遡りますが、旧約聖書成立までは、あちこちに散らばる口頭伝承か断片の文書でしかなかったのです。

アブラハムの時代、紀元前2千年頃には既に契約書がありました。国家間の契約書です。しかし、当時の国家は現代でイメージする国家とは異なり、数百人単位の部族でした。

契約書を交わすのは誠実な履行をするということ。嘘をつかないということ。裏返せば、人間は自分の利益のためには、ずる賢しくもなるということです。だからこそ、契約が必要です。口先と腹の中は異なるということです。聖書は人間の不誠実や心が変わることが当然のこととして捉えた上で、それを責めないというスタンスがあります。契約は、人間関係の信頼を保つためでもあるのです。

香子　それは分かる気がします。私も仕事で契約書を締結することがあるのですが、最初はお互いに乗り気なので問題が起こっても円満に解決できるだろうと思うのですが、契約書が生きるのは、トラブルが起こった時で、そんな時に契約書がないと、言った言わないでそれはそれは相手を責めあう醜い状況になったりします。だから、予め契約書でトラブルを想定した取り決めをしておくことが、良い関係を続ける役割を果たすとも感じます。因みに今では結婚も契約ですよね。婚姻も人間間の契約となり下がったのでは？

【モーセは民の代表者として権力者と交渉した】

香子　モーセはエジプトの王子のように育てられたけれど、本当はイスラエル人の奴隷の身分であると知り、それをカミングアウトし、奴隷に身を落としたんですよね。そして、奴隷たちイスラエル人を率いてエジプトを出て、奴隷の身分から解放した、すごい人ですよね。その人の交渉術って興味ありますが、なんだか、聖書を読むと、神様の言うことをそのままみんなに伝えている中間管理職伝言バトのようにも読めるのです。

神父　ははは・・・。そう見える側面もあるかもしれませんね。モーセの交渉術の肝は、イスラエルの民の代表者、現実は神支配者の階層としてエジプト王、ファラオとも、神の働きを信じた交渉ということでしょう。神様の言うことを聞いてイスラエルの民に押し付けたばかりじゃないんですよ（笑）。

香子　そうなんですか？

神父　主から、イスラエルの民をエジプト支配下から解放せよとの使命を受けたモーセは、ファラオのもとに行き、こう言います。「イスラエルの神、主の言葉である『民をさらせ、荒れ野でわたしのために巡礼の祭りを行わせよ』」。と交渉した人です。（出エジプト記参照）しかし、ファラオは聞き入れません。それどころか、イスラエル人奴隷の待遇をひどくします。ファラオの政策は、主の怒りを買い、エジプトは多くの災害に見舞われることになり、その結果、ファラオはイスラエルの民を去らせる決断をしたと…。

香子　ファラオと交渉はしたけれども、神様が全面的にバックアップしてくれたから成功したようなものでモーセの力ではないような。

神父　その後、奴隷の身分から解放されたら喜ぶはずの民から文句が出た。定住地がなく荒れ野をさまようことになり、「水が苦い、うまい肉が食べたい」と言い、エジプトに居た頃の方が美味しいものが食べられたと苦情を言い出しました。その都度、モーセが神に訴えると、食べられるようになった。

そして、神との接渉のクライマックスは、シナイ山で十戒を受けるために上っていた間に、金の牛の像を作って拝んでいた民への怒りもありました。出エジプト記の32章。「わたしはこの民を見て来た。実に頑ななな民である。今はわたしを止めるな。わたしの怒りは彼らに対し燃え上がっている。わたしは彼らを滅ぼす。しかし、わたしはお前を大いなる国民にする」。神様の怒り具合は半端じゃないですね。

モーセは、主を宥めていった。「主よ、あなたが大きな力と強い手をもってエジプトの地から導き出されたあなたの民に、なぜ怒りを燃やされるのですか。エジプト人に、『彼らを山地で殺し、地の表から滅ぼすために、悪意をもって彼らを導き出したのだ』

と言われてもよいのですか・あなたの激しい怒りを収め、あなたの民に災いを下すのを思い直してください。あなたの僕アブラハム、イサク、ヤコブを思い出してください。あなたはご自分にかけて彼らに誓い、『わたしはお前たちの子孫を天の星のように増やし、わたしが約束したこの土地をすべてお前たちの子孫に与え、彼らにそれを永久に受け継がせる』と告げられたではありませんか」。
そこで主はご自分の民に下すと告げた災いを思い直された。（出エ32章―11～14節）

モーセは、神様が過去に告げたことに言及して、今やろうとしていることはおかしいんじゃないか、と言ったわけですね。ただの伝書鳩ではないですね。

オリーブの葉をくわえた天使の助けもありましたが、モーセは民の代表としての役割を果たし続けたのですよ。王様や神様と交渉して、民のための権利をつかんだ、かなり難度の高い交渉をしたのですよ。禿鷹が死体を貪るような行為はさせないために。

【へびの賢さ（悪知恵）に騙されない本当の賢さへ】

神父　アブラハムやモーゼの交渉術は、人を貶めたりするものではなく、周りの者を助けるものでした。ところが、聖書には反面教師的に、人を貶める、ずる賢い例も出てきます。悪知恵ですね。

香子　面白そうです。

神父　聖書を読んだことがない人でも知っている、アダムとイブの話です。創世記の3章ですね。

「神である主が造られた野のすべての動物のうちで、蛇が最も狡猾であった。蛇は女に言った、『お前たちは園にあるどの木の実も食べてはならない』と確かに神は言ったのか」。女は蛇に答えた、「園にあるどの木の実も食べてよいのですが、『園の中央にある木の実は食べてはならない。また触れてもならない。お前たちが死ぬといけないから』と神は言われました」。しかし蛇は女に言った、「いや、あなた方は死にはしない。それを食べると、あなた方の目が開かれて善悪を知り、神のようになることを、神は分かっているのだ」。

そこで女が木を眺めると、その実はおいしそう、目を引きつけ、賢くなると見えた。そこで、それを取って食べ、側にいた夫にも与えたので、彼も食べた。すると二人の目は開かれ、自分たちが裸であることを知った。そこで、二人はいちじくの葉をつづり合わせ、腰に巻くものを作った。

いつものようにその風の吹き始めるころ、二人は園をそぞろ歩き去れる神である主の足音を聞いた。人と妻は主を避け、園の木の間に隠れた。神である主は人に声をかけて言った、「お前はどこにいるのか」。そこで人は答えた、「園であなたの足音を聞き、裸なので、恐れて隠れました」。すると、主は仰せになった、「お前が裸であることを誰が教えたのか。わたしが食べてはならないと命じておいた木の実を、お前は食べたのか」。人は答えた、「わたしの連れ合いとしてくださったあの女が木から取ってくれたので、私は食べました」。そこで神である主は女に仰せになった、「お前は何ということをしたのか」。女は答えた、「蛇が私を惑わしたので、食べました」。

香子　蛇が男と女、アダムとイブを貶めたのですか?

神父　蛇の目的は、自分のためでも、アダムやイブのためでもなく、ただ単に、神である主の恵みで仲睦まじい二人への嫉妬でアダムとイブをその座から引きずり下ろすことですね。「園の中央の木の実を食べると神のようになれる」とイブの心の奥に潜んでいたであろう欲に訴えかけます。そして、イブは浅はかにも蛇の言葉にのってしまう。欲深い人間の本性が描かれています。欲張る心が失敗の因です。そして、神様から怒られた時の、アダムとイブの情けない有様。アダムはイブのせいにし、イブは蛇のせいにする。

欲は生命として生き延びるためにとても大切で「良い」ものですが、使い方によっては「悪い」ものにもなる、両面があります。蛇はそこをうまくついてきました。そして、（食べると神と同じになれること）を望んだからで、アダムも同じです。騙す方も悪いのですが、騙される方も隙があったとも言えましょう。蛇は人の弱みに付け込む悪知恵です。欲は際限なくエスカレートしていくものとの警告とも言えましょう。

香子　詐欺電話で騙される年寄りに落ち度がある、ということですか？　確かにそういう面があるかもしれませんが、それを言ったらおしまいじゃありませんか？

神父　騙される心の隙間のことです。心臓の鼓動は呼吸につながっていますね。

でも、頭と心はどうでしょうか。

心は気まぐれ、気分次第、冷静なときもあれば、寂しさに暮れる日もあります。

頭は冴える時もあれば、目が覚めていても眠っていることもあります。

眼が開いていても見えない瞬間もある。五感は全く信用できませんね。そんな心の隙間に付け込まれてしまったのです。人間はそういう弱さも持っているということです。悪いという意味ではありません。でも、それを超える賢さを持ちたいですね。

【自分を正確に知る】

香子　アブラハムとモーセの交渉術、そして蛇のずる賢い知恵の話から現代の私たちが学べるものは何でしょう？　相手が何を望んでいるかをしっかりとつかむ、集団のリーダーとしては権力者に忖度せず交渉せよ、でしょうか？

神父　もちろんそうですが。一番大切なことは、自分自身を正確に知ることでしょうか。

アブラハムは、自分たちがあくまでもよそ者として歓迎されない立場であることを知っていました。そんな自分が受け入れられるコミュニケーション方法を考えたのです。

モーセは、王子として育てられ、一方で奴隷の血をひいていることでいじめられる側の身にもなれました。王族と被支配者の気持ちの両方が分かる特別な立場にいました。だからこそ、ギリギリのところでエジプト王と交渉もでき、民の解放を手にし、かつ、荒野を彷徨うことで文句を言い続ける民にキレずに寄り添うことが出来たのでしょう。

聖書は、多神教文化の中で、家を守ることは他家と取引をし、私財をたくわえ不作(凶作)時に備える必要を伝承している。

自力ではできない。神々に頼もう。

天と地を支配する方は誰か?神々だ。

アルタミラ、ラスコーを思い浮かべては?

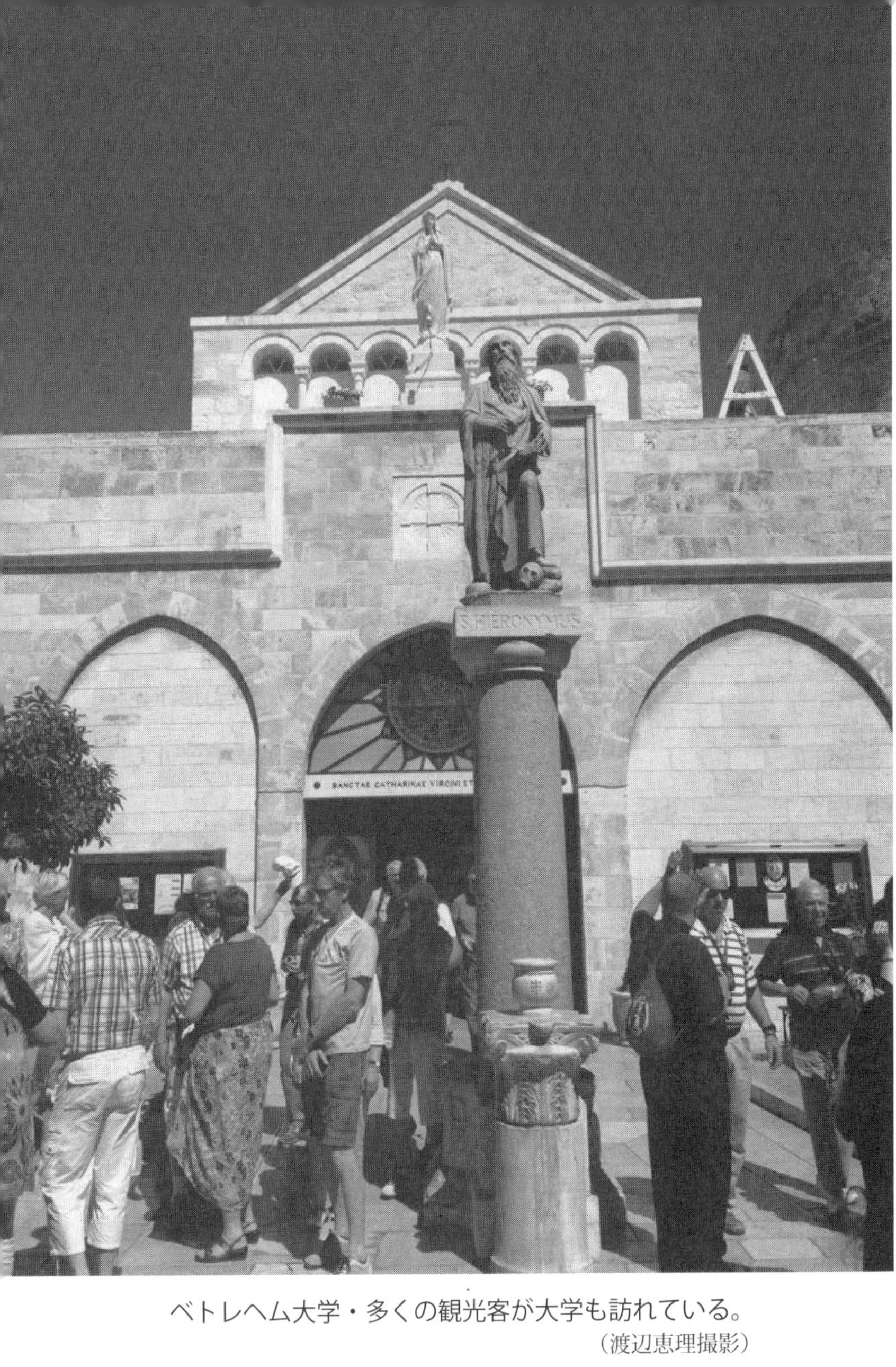

ベトレヘム大学・多くの観光客が大学も訪れている。
（渡辺恵理撮影）

5　Win-win の関係の先にあるもの

【富める者はますます富むからこそ、富者は世の中に対して責任がある】

香子　「御社と弊社が win-win になれる提案をお持ちしました」など、win-win という言葉をビジネスシーンでよく聞きます。以前は特に何とも思わなかったのですが、最近は疑問に感じるようになりました。勝ち負けの基準で物事を判断していることですし、ひいてはどこかに Loser を作り出しているとも考えられます。勝ち組・負け組という言葉も良く使われます。自分たちさえ良ければ良いと感じられますがどうなのでしょう？

神父　意気投合した者同士が連合して他の者に対して勝てば、相手は敗者。儲ける人たちがいれば損する側もある。世の常ですね。金持ち連合と金持ち連合の争いなら、一般の人たちは高みの見物で済みますが、資産を沢山持っている人たち、俗に言う、勝ち組たち同士が連合して win-win となり、一般の人たちを負け組とするとなると笑ってはいられませんね。格差拡大！不正義であり悪です。

香子　新約聖書に「富める者はますます富み、持たない人はますます貧しくなる」（マタイによる福音書13章）とありますが、そこを読むと win-win は当然であると教えているような気がしますが。

参考：マタイによる福音書13章12節
「持っている者は、さらに与えられて豊かになるが、持っていない者は、持っているものまでも取り上げられる」

（フランシスコ会聖書研究所訳）

神父　いいえ。いいえ。とんでもありません。詩篇に「豊かな富を頼みとし悪事を自分の力とした」という文言もあります。むしろ、忠告です。

「歴史上の事実や伝承からしても、現実問題として、人間はほっておくと、富める者が貧しい者からどんどん富を独占するようになってしまう。だからこそ、注意しなくてはならない」と言う意味です。

※アモスの預言2・6

「彼らは金のために善人を売り、安い代金で弱者から奪っている」

従って、「富める者はますます富む」のが当然と聖書の字句通りに読むと、とんでもないことになります。Win-win と言い合える仲間うちから外れた者たちが被害者となる可能性が大いにあるのです。

【「富」、「財」、「資産」の違い】

香子　分かるような、分からないようなな。もう少し具体的に説明して頂けますか？

神父　人間は知らず知らずのうちに、自分を守る、自分の家族を守る、自分の共同体、味方、仲間を守るために、共通の目的に向けて協力していくものです。

人は、まずは自分が生き残らなければならないという本能があります。最初は自分だけ生き残ることで精いっぱい。自分だけのことを自分だけで何とかします。自給自足の世界ですね。しかし、自分に余裕ができる、もしくは自分だけではどうしようもない、飢饉などが起こった場合には、他者（所）との取引、協力をする必要が出ます。自分の持っているものと相手の持っているものを交換する取引ですね。その場合、相手も自分も損をしないように果実を得ようとするのが自然な流れです。しかし、「自然」というからには忘れてはいけない前提があります。お互いが生活に必要なものを分かち合える分、自分たちの生活を維持するだけ以上の収穫があるという前提です。

香子　では、それ以上の収穫量があった場合にはどうなるのでしょうか？

神父　「富」は自分たちの生活が先ず維持できるもの、「財」は、取引交換に回わせ、他の人への分け与え売る余裕が出てきたもの、「資産」は、子孫に残し、世の中のために使える余裕です。

従って、自分たちの生活を維持できる以上の収穫量があった場合には、子孫のために残す、世の中のために使うというのが理想でしょう。しかし、子孫のために残すことを、直系の子どものことだけであると捉えてはいけません。もっと広い意味での子孫、人類です。

富は神様からの恵み。そして、それをどのように使うかを決める自由も神様は与えてくれています。富める者はますます富み、持たない人はますます貧しくなるのが常だからこそ、注意して、「自由な判断力」をもって人類や世の中のために資産を使わないといけませんよ。

これが聖書が本来意味するところです。文言の背後にある真実まで意味の空間を拡げることです。

【家は生命協働体としての最小単位】

神父　エコノミー（economy）はギリシャ語ではοικονομiα、そもそもは「家」を意味するoikosが源です。一家の財産（oikos）を分配する（nemo）という概念が始まりです。そして、家は人間という生命協働体の生活を維持し、はぐくみ成長していく最小単位です。

香子　生命協働体ってどういう意味ですか？

神父　聖書リテラシーの基本として協働的営みが基盤です。都市文明社会では人の繋がりが希薄となります。しかし、富の力に差があったとしても、みんな生命の共同体です。一緒でありながら、全く同じ人はいず、一人一人に、それぞれ人格、かけがえのない固有の価値があります。そして、人間は一人で自らの意思で産まれてこなかったように、独りでは生きていけません。そのこと自体が協働体です。

香子　生命協働体はそういう意味なのですね！
そして、家が全ての最低単位だと考えても良いですか？

神父　人間はどのような環境で生まれると思いますか？
人の卵子と精子が結合するからですね。しかし、産まれる側の意志ではない。今は妊活などで積極的に子作りをするための方法もあり、親の選択であると言える部分もありますが、子どもが生まれるかどうかは１００パーセント親の意志だけではありませんね。また、たとえ子どもが産まれるとしても、「子どもを産む」親が最終決定するわけでもないのです。

つまり、一人の命が産まれること、人間の生命の誕生は、とてもかけがえのない営為である、という点が、聖書の教えのなかで最も重要なものの一つです。

参考：創世記1章27節、28節

「神は神にかたどって人を創造した。
人を神にかたどって創造され、男と女とに創造された。
神は彼らを祝福して仰せになった、
「産めよ、増えよ、地に満ちよ、そして地を従わせよ。
海の魚、空の鳥、地を這うすべての生き物を治めよ」。

（フランシスコ会聖書研究所訳）

神を「かたどる」。神の姿にかたどられているのが男と女です。男女の双方が必要だったということも重要な意味を持ちます。そして、他の動物たちとは異なり、神に似せられたとは、人間の生命の誕生が祝福され「喜びを共にする」ことがともなっています。

前出の創世記1章28節にあるように、人間は兄弟姉妹子孫が増えるもの。つまり、私が今ここにいるということは、生命の最初の誕生からずっと継続して下ってきている、とても不思議な恵みです。

香子　あまり家、家、言われると、私のように独身で自分が作った家族を持たない場合には、居場所がないと感じてしまいます。

神父　聖書は人類全体が血縁であるという人類協働体という考え方です。どういうことかと言えば、人間は神によって創造された存在であり、人間はすべて神の子でありみんな同胎です。同じ家の子たちなのです。理想的というか本来的にはそうなのです。家とは持ち屋の意味ではなく協働体、社会全体です。

香子　そう言ってもらえると安心します。

神父　次に、少し欲について触れたいと思います。人は、受胎告知により自由な知的可能性を受けています。成長はその可能性を広げることで、その原動力が「欲」です。「欲」は神様から受け取った最高の賜物です。命イコール欲と言ってもいいくらいです。「欲」は善であり且つ美しい存在です。ところが、人間の本能に任せておくと、他者を愛するために使う「欲」よりも、自分の欲を満たすためだけに使う「欲」の方が強くなりがちです。

【欲が悪い方向に進んだ例】

神父　創世記4章23からの、ノアの洪水で有名なノアの先祖であるレメクについて書かれた箇所で、主である神を上回りたい欲が出てきます。ところで。これは創世記の背景にはメソポタミアの古代伝承があります。神々の話です。できれば、聖書の成り立ちにそれだけの色々な背景があるのだと想像できる域まで自由な知性を働かせたいものです

参考：創世記4章23節
「アダとツィラよ、わたしの声を聞け、
レメクの妻たちよ、わたしの言葉に耳を傾けよ。
わたしを傷つけるなら、わたしは男を殺し、
わたしに打ち傷を与えるなら、若者を殺す。
カインのための復讐が七倍なら

レメクのためには七十七倍。」

創世記4章15節には次のようにあります。アダムとイブの長男であるカインが弟のアベルを妬んで殺した後、神がカインを呪われた者とします。悔いたカインが主に対して「私に出会う者はだれであれ私を殺すでしょう」と訴えた時に神が言った言葉です。

〝「いや、それゆえカインを殺す者は、だれであれ七倍の復讐を受けるであろう。」〟

つまり、主が七倍としたのに、レメクは、それを更に上回る七十七倍と声高に言ったのです。主である神を超えようとした欲です。

創世記6章にも人の手におえない程、強大となった欲の例があります。

〝さて、地上に人が増え始め、娘たちが生まれた。神の子らは、人の娘たちが美しいのを見て、おのおの選んだ者を妻にした。主は言われた。

「わたしの霊は人の中に永久にとどまるべきではない。人は肉にすぎないのだから。」

こうして、人の一生は百二十年となった。

当時もその後も、地上にはネフィリムがいた。これは、神の子らが人の娘たちのところに入って産まれた者であり、大昔の名高い英雄たちであった。

主は、地上に人の悪が増し、常に悪いことばかりを心に思い計っているのを御覧になって、地上に人を造ったことを後悔し、心を痛められた。〟


旧約聖書が出来た背景には、多くの地方もそれぞれに頼りにしていた神々が居ました。多神教の世界です。ギリシャ神話にも日本神話にも色々な神様がいますね。そういう神様です。そして、日本語で「主」と記すのが、いわゆる唯一のGodです。神々を束ねる主という意味です。上記の人間の娘たちと肉体的関係を結んだのは主ではない神様たちです。そういった神様が悪いものを人間世界に送り込んだわけです。

そして、人間が悪いことばかりを思い計っているので、創造主は心を痛め、後悔し、ノアの洪水を起こすに至るのです。

【勝者のためだけのwin-winは続かない】

香子　レメクの例も、ノアの洪水の例も、欲が悪い方に進んだのだろうとは思いますが、具体的にどのように悪い方向に進んだかは分かりにくいです。Win-winの場合は、自分たちさえ良ければ良いという「欲」が悪い方向に進んだと思うのですが、聖書の中に具体的に例がありますか？

神父　ヨシュア記に、隣り合う部族が力を合わせて、別の部族に対抗して連戦連勝の話があります。敗者が出ます。士師記でもです。聖書には、かならず複数の記述があり、徹底的につぶし合わないこと、勝者と敗者があり、生き残るチャンスを与えることです。

香子　ヨシュアは、モーセの後を継ぎ、カナンの地に入り、先祖の地を取り戻そうとした方ですね。神がアブラハムの子孫であるイスラエルの民に与えると約束した「約束の地」であるカナンの地を。ヨシュア記では、ギベオンの民がヨシュアに協力し、エルサレムの王であるアモリ族をやっつけますね。例えば、それがwin-winの例でしょうか？　イスラエルの民とギベオンの民がwin-winで、敗者がアモリ族。でも、ヨシュア記でもそれに続く戦いの記録である士師記でも、イスラエルの民は選ばれた民族でしかも約束の土地を得るためだから、他の部族を犠牲にしても良いように書かれているようです。どこの箇所をどのように読めば、徹底的につぶしてはならないと捉えられるのでしょうか？

神父　こだわりますすね。
　近代戦争では連合軍としてwin-winの形で戦いますが、凱戦後にたいてい分裂します。人間の欲が歴史を支配し続けることはなく、必ず、ある時点で誰かが介入してくるという現実があります。どういう時かと言えば、ダビデとソロモンの時のように、強欲が行き過ぎた場合など、国家が分断から分裂して滅びます。ダビデが約束の地で念願のイスラエル王国を覇権国家としても、その子であるソロモンは、才能はあるものの、一部の特権階級だけを優遇し、また外国の国々との交流で虚栄を張りたいなどの欲が過ぎたことから、国力を失い、イスラエル・ユダの南北分裂につながりました。

当人同士以外の第三者の力が働くのですから、それを天罰とも言えます。勝者の論理だけでwin-winを進めていくと滅亡します。長い時の流れの中で見る考え方・視座が必要です。

【人間には第七感が与えられている、だから希望がある】

神父　一方でこれまでがそうだったからと諦める必要はなく、これまでの歴史や経験をもとに、今までとは異なるパターンの未来を展望し、創っていく知恵があるのが人間です。シラ書にある第七番目のサピエンスのように、神から与えられた命の主が一番望んでいる賜物です。

重複や一見矛盾する表記があります。が、元々はヘブライ語やアラム語で書かれ、それがギリシャ語、ラテン語に訳され、その後、英語やフランス語や日本語など多くの言語に訳されています。訳によって用語や表現が異なることもあります。訳というものは、翻訳者の解釈が入るのが当然です。

それを前提にした上で、ある英訳ではシラ記17章に次のような第七感の記述があるのです。

「The Lord gave them the five senses, but he also gave them a sixth—intelligence, and a seventh—reason, which enables them to interpret what comes to them through the senses.」

日本語に訳すと、「主は人間に五感を与えた。それだけではなく、第六感である知恵、それらの感覚を通じて可能になる、良識ある判断力を与える。」でしょうか。これも私の解釈が入っていますが。この神から与えられた素晴らしい第七感を使って、今までとは異なる新たな日常・未来を創ることが、人間には可能であり、人間にだけ与えられた、義務でもあり、権利でもあり、自由でもあるのです。

香子　人間は、歴史にあるように、勝者だけがwin-winの関係で良い目にあい、結果的に滅亡する未来を選ぶこともできるということですか?

神父　Win-winの思想で勝者同士が結託して自分たちの利益ばかり追求すると「富める者はますます富み、貧しい者はますます貧しくなる」（マタイ福音書13章12節）になってしまいます。この言葉は、「社会はそうなるものである」という決定論的に捉えるためにあるのではなく、放っておくと人間社会はそうなってしまうので、気をつけなさいという警告です。

香子　なるほど〜。それはとてもしっくり来ます。そう考えたいです。

【キリスト教は「生き残りの思想」】

神父　実は、キリスト教は「生き残りの思想」です。勝者の思想と言うよりも、敗者だけれども自死しない者となるサピエンスです。エルサレムが焼け野原になり、支配者階級がバビロン捕囚として連れていかれた後、残った人たちを励ました預言者たちと無名な知者、市民の声が言葉となって造られた記録集が最重要箇所です。

香子　バビロン捕囚って、前に出てきた、贅を尽くしたソロモン王の後にイスラエル王国が南北に分裂した紀元前10世紀以降、だんだんと弱体化し、紀元前6世紀にバビロニア王国に攻め込まれてエルサレムが陥落、支配階級層の民がバビロニアに連れていかれてしまった事件ですよね？

神父　そうです。その時、預言者たちの「エルサレムは滅びるよ。焼け野原になるよ、でも、生き残っていれば将来は良いことがあるよ」という言葉に希望をもったエルサレムの住民の中から生まれてきたのがユダヤ教。キリスト教の前身です。

＊エレミヤはそのような時勢の中で土地を購入することを勧めています。

（エレミヤ32章6節以下）

ちなみに、この話は現在のコロナの状況にも当てはまります。ここを生き延びれば未来は明るいのです。争い・飢饉・疫病によって歴史の方向は変わります。変わる先が暗いとは限りません。明るくもなります。人間力を超える実際の恵みがあります。そこに希望を持ちましょう。

ビールゼイト大学・多数の男女が毎日、厳しい検問を受けて通学している。
（渡辺真帆撮影）

6　富とはなにか？

【自由こそ命の賜物】

香子　富についての話をしていただくはずなのに、自由。いきなり難しい概念ですね。

神父　「自由の心」があるから「富」が問題となります。

富を話すにあたって、自由はとても大切な条件です。富をどう使うか否、富は如何にして得られるかも自由が人間に与えられているということを先ず理解しておかねばなりません。

この世に自分が生まれてきました。産まれることも自分の意志ではない、親を選べない、性別も選んだわけではない、時代も空間も選ぶことが出来ずに産まれて来てしまった。つまり、いくつかの制約付き条件の中での誕生です。で、自我が目覚めた時から、自由が始まります。親に対して反抗が始まり、親から分離し、自由が広がる。強調したいのですが、ここでいう自由は、「心の自由」です。

心の自由は自分の命を育てるための恵みです。何かに関わり、何かを選択する自由を持つことで成長していけるのです。

香子　それを伺うと、アウシュビッツ収容所に収容されていた、「夜と霧」の著者であるヴィクトール・E・フランクルは大きな心の自由を持っていたのだと感じます。

神父　そうですね。物理的に不自由でありながらも、心は自由であったから生き延びられた。収容所に居た人の中には、心の自由を失って精神的に弱って亡くなった人も多いでしょう。「アンネの日記」のアンネ・フランクも心の自由を持っていたのですね。
今のコロナ禍においても、心の自由を持って動ける人は、光を見出し、生き延びる可能性は高いのではないでしょうか。それくらい「命と自由」は密接に結びついているのです。

【富は神から与えられた恵み】

神父　自由な心で働き、その果実を得る、報酬を得ることは、まさに命の体現です。富とは、その日を暮らせる分以上の余裕です。また、他者に分けられるもの。子孫への相続としても、社会への還元という意味でも、他者に分けられる財です。個人が資産を増やせるのは、神から与えられた恵みです。自分は努力したかもしれません。

しかし、自分だけで得られたのですか？　自分や家族だけで使って良いものですか？
もっと、世の中のために使う自由も神から与えられているのではないですか？

しかし、富があり過ぎると、「どう使うか」の自由を失い、もっともっと自分の富を増やしたいという強欲になるものです。その例がソロモン。重税を課し富を集め、政治権力、軍事力を増し、祭祀権まで得ようとしたのです。好き放題やっていました。

香子　ソロモンですか？　ソロモンは諸外国と交易を積極的に行って、文化的・経済的に自国を豊かにし、ソロモンの裁判などの優れた功績も遺し、ソロモンの知恵でも知られる人物ではありませんか？

神父　世俗的な意味では確かに賢王です。ところが。
聖書史のなかでは、王様は神様が任命するとあります。（ローマ）皇帝は自身が神であり、君主です。ソロモンは自ら皇帝と名乗りませんでしたが、神になろうとした男です。ここに問題があります。

香子　そんな記述があるのですか？　聖書、自分が興味ある箇所しか読んでないので。

神父　列王記上の8章22節以下、ソロモンの祈りのところに表れています。神殿が完成した際に、祭司が行うはずの祈とうを自ら捧げます。特に批判めいた記述はないのですが、当時、祭司の役割を王が行っているのは大変おかしいことです。8章55節でイスラエルの民を祝福したのも同様の越権行為です。ソロモンがもっともっとと多くを望み、神になろうとしたことがうかがい知れます。これがリテラシーの読み方です。

もう一例は、ダビデ（列王記上1・1〜4）とソロモン（士師記11章）の晩年。ダビデは自らのあやまち、失敗から回心したがソロモンは晩年でさえ自己満足の欲のままだった。（列王記上1章／11章）

香子　それは聖書や当時の歴史に精通していないとなかなか分かりえませんね！　残念ながら、一般人には難しいかも…。

【神と富に仕えることはできない？】

香子　「神と富に仕えることはできない」（マタイ福音書6章24章）という言葉があるように、聖書的には、富は悪のようなイメージがあります。

神父　「神と富に仕えられない」という時の「富」は、すごい財産、大富豪が持っているような資産をイメージするといいです。

旧約聖書の歴史から見ていけば、富は素晴らしい賜物です。が、族長による協働体集団から国家に移行し、重税を課すことができるようになった頃から、貧富の格差が広がりました。国家権力者が国家・国民のための行動をするよりも、自らの権力を強大にするようになりました。ソロモンのように、重税を課し、軍事力を拡大し、近隣の国から貢物を得ては、国民のために使うのではなく、私腹を肥やしました。金欲、性欲、地位、祭祀権までも「自由気まま」にやりたい放題でした。聖書史上のなかで、人間が欲しい欲をすべてを手にした唯一の人物です。

ソロモンは物質的にはあらゆるものを手に入れたのです。

香子　では、ソロモンは幸せだったのではないですか？　それの何が悪いのとも思います。

神父　確かに、彼は栄華を誇りました。自分だけが楽しい気ままな人生を送ったかもしれません。

しかし、本当の喜び、心の満足はなんですか？

「生まれてきてよかった」と思える喜びではありませんか？

いろんな経験をし、苦労をし、生きて、ある時、「自分が生まれてきた意味」に気づくことが出来るというのが、聖書の福音、本当の喜び。

自己満足だけでは「心からの喜び」は得られないのが聖書の根本的なメッセージです。

そういう意味では、ソロモンの栄華はバブルにすぎなかった！

（マタイ福音書6章29節参照）

彼は「自己欲」を満たすだけだった。（列王記上11章参照）

香子　なるほど、腹落ちしたような気がします。
ところで、「神と富に仕える」に戻ると、ソロモンはどうだったのでしょうか？

神父　心から神に仕える人は、自分のためだけに富を使いません。
従って、ソロモンは神にも富にも仕えていません。

すべての物は神のものですから、全てを分かち合いましょう、という考え方が基本理念です。自分の収入の10分の1を寄付する慣習は、少なくとも十分食べているなら「食」のない人々に一食分だけでも分けましょうという事です。

そして、「神と富に仕えられない」というのは、結論ではありません。現状に対する警告です。

神は創造主。富、お金は賜物、与えられたもの、恵み。神が上位に存在するので、2つを並列に並べること自体もおかしいですし、二律背反でもないのです。この文言は、神にも富にも仕えておらず、「金の奴隷」に成り下がってしまっているだけです。そして、「金の奴隷」になってしまったら、神に心から仕えることは出来ないでしょう！

【ヨブは現世ご利益を願っていた】

神父　ヨブの心には「自分の家」のことしかなかった。富に関連して、考えたいのがヨブ記です。実話ではなく、人間の能力では知り得ない心の空間のメッセージを伝える物語です。

ヨブはこんな人でした。非の打ち所がなく、神を恐れ、悪を遠ざけていた。信心深い。その上、多くの下僕を抱え、時代の一番の富豪でした。家族にも恵まれ、日々家族で食事を楽しむのを常としていた。最高の幸せ者として描かれています。

その彼が、サタンによって全てを失う羽目になった物語です。財産を失い、子どもたちを失い、そして、自らも恐ろしい疫病にかかってしまいます。妻からは「こんな苦しみがあるならば死んだほうが良い」と言われます。

そんな時、3人の友人がヨブを訪ねます。品行方正で信心深いヨブでも、貧しい人にパンを分け与えなかっこともあるので、因果応報ではないかと言いますが、ヨブはその説明に納得しません。「自分は清く正しい行いをしてきたのに、なぜ自分がこんな苦しみを受けなければならないのか？！！！　正義はないのか？」やがて、4人目が現れ、「罪があるかどうか、正義かどうかは自分が決めるものではなく神が決めるものであるなどの話をしますが、ヨブはやはり納得しません。ヨブが神の正義を疑ったことは、結局は自分の現世ご利益のために神を信じていたことになるではありませんか？　自分の思い通りにならないので神に対して怒っていたのでした。

ついに、ヨブは神と直接対話をします。そして、イザヤ書30章15に

「立ち上がって静かにすれば、
救われ、
落ち着いて、信頼すれば、
力を得る。」

とあるように、沈黙の中で気づかされます。

万物の創造主である神のもとに、素晴らしい存在として生まれてきたことは確かですが、神の計画の中心に人間の自己目的の達成があるのではないということに気づきます。混沌・災いも神の計画の一部でもあり、世界には人が思い通りにならない災いがあるが、世界は災いではなく、すべては神の支配下にあると気づくことです。

ヨブの災難も神の計画の中にあったのです。（同42章6節）

ヨブ記の冒頭には美しい詩があります。

「裸で母の胎を出た。
また裸でそこに帰ろう。
主が与え、主が取られた。
主のみ名はほむべきかな。」

ここで、裸でそこに帰ろうという意味は、「今、ここにいること」の大切さ、有り難さを知ることではないですか？

香子　ヨブは神様も敬い、いい人だったのですね。

神父　ところが、彼は、家族以外に分かち合うことをしなかったのです。そして、彼が信じている神様も、彼が信じたいもの、実は多神教の神々のうちの一人でしかなかったのです。そして、最後に神様の中の神様である創造主の存在に気づくのです。

全ては主から与えられるものであると気づき認めます。（ヨブ記42章1―16節）

香子　いくら家族以外に分かち合うことをしなかったと言えども、かなりいい人なのに、全財産を失って疫病にまでかかるなんて、酷い目にあってしまうのですね。

神父　ヨブ記からのメッセージはいくつかあります。まずは、この世に完璧な人間は居ないということ。

そして、失うことは「死」でも終わりでもなく復活へ立ち上がり向かう道筋であるという希望のメッセージです。

そのためには全てが神の賜物と知ることです。

息がある限りは明日がある、ということです。

全ての所有物を失ったゆえに、神から命も富も与えられていることを知ったのです。

自分で得たものではなく、神から与えられたものであると気づいたからこそ、より多くの人々と分かち合うことが出来るようになります。
そして、人間は一人だけでは生きていないということです。

香子　なるほど〜。ヨブ記は、読んでいて冗長で途中退屈だったのですが、しっかり読むと素晴らしいことを伝えているのですね。

神父　このような思想にわずかでも近づければ、いじめや差別、他者を蔑視するようなこと、勝つことだけに執着するようなこと（他者との比較によって自分の価値を認識するようなこと）からは解放されるでしょう。

香子　理想ですけどね。

神父　そうですね、でも、こう思えませんか？

「私は何もしなかったかもしれないけれど、生まれてきて良かった」

私がルルドを訪れた時の話です。巡礼者の障害ある方がこんなことを仰っていました。

ここに来てよかったのは心が変えられたのです。世話をしてもらうことがとても心苦しく辛かったけれど、ここに来てボランティアの看護師さんたちから世話をしてもらって、「ありがとう」と言えれば良いのだと感じたことが奇跡です、と。

障害にはなんの変化もありません。ですが、心の持ち方、受けとめ方が変えられたのです。

ベツレヘム（パレスチナ自治区）にある葡萄畑（大久保雄三撮影）

7　税金はだれのもの？

【皇帝のものは皇帝に】

神父　マタイによる福音書22章に「皇帝のものは皇帝に、神のものは神に返しなさい」とあります。国家統治者の責任を問うものです。〝皇帝のもの〟は皇帝の私有財産ではありません。国民を養い、幸せにするために使う国有財産です。「この世を治めるのは皇帝の役割ですよ。皇帝はそれだけの責任を持つのですよ」という深いメッセージです。

香子　だったら、神様なんていらないですね？

神父　国民を幸せにした皇帝が、政治家がいますか？
努力した政治家はいるかもしれません。
そして、全ての人々を幸せにできるのは誰でしょうか？
人知を超える神の、天の計らいがあるというのが「神のもの」で告げられている。
皇帝には皇帝の、神には神の役割があるという考え方です。

香子　それぞれが独立して働く感じですか？

神父　その通りです。

【天の国と分けられるか？】

神父　ところが、違うのです。皇帝と神の役割（天の国の役割）は、実は両方があってはじめて幸せがもたらされるのです。

香子　神の役割ってなんですか？

神父　人々に喜びと感謝という幸せ・救いを与えることです。人の心の奥底で実現されるものです。心の奥底は、自分の力で生み出されるのではなく、天（外）から与えられる賜物です。

香子　なるほど～。心の奥側にある幸せと皇帝による現世での身体的・心理的安心感があってはじめて幸せということですね！

【税は民の資産だ】

香子　ここからどうやって税金につながるのですか？

神父　本来、税金は国民の生命を、守り、育むために使うためのものです。（国）民を幸せにするための基金なのですが、最近はその役割が忘れられているようです。
国民の未来を作るための基金とされるはずのお金です。

パレスチナとイスラエルを隔てる壁の前で遊ぶ子どもたち
（山畑俊樹撮影）

8　愛と欲と命の先にあるもの

【ノアの洪水】

神父　人はなぜ生まれてくるのでしょう？
こんな生きづらい世に…。

香子　最近、「夜と霧」で、「人はなぜ生まれてきたのかの理由を問う存在ではなく、その存在意義を問われているのである」と読んで、納得しました。

神父　そうなんです。産まれてくるということは命のミッション（生きる責任）です。人間は未来をイメージ出来ても、未来から学ぶことは出来ません。過去の事実からしか学べません。その過去の事実として役に立つものを創世記から挙げたいと思います。まずは「ノアの洪水について」。

洪水は自然災害。自然災害という単語を使いましたが、自然の働きが起こすのではなく、人間の関わりが主な原因だと思います。堤防が決壊するなど。堤防を造っても川底が上がれば…。人間の行き過ぎた欲の結果であるとも言えます。

香子　でも、大昔から洪水はありましたよね。人間が積極的に「関わる」前から。

神父　そうです。しかし、灌漑治水をすることで洪水から農地を守り積極的に関わるようになりました。しかし、その関わりが不足していたり、不適切なものだったりするわけです。十分に備えていない場合も多いわけです。川底の砂利を取り除く浚渫など。

ノアは、大きな災害を想定して、日々備えていたのです。災害への備えもし、災害が起こってもその中で生き延びる術を備えている知恵がありました。

洪水が治まり、新しい生活となって落ち着いてくると、また強欲な人が出てきます。それがレメクです。

レメクの前にカインのことを思い出して欲しいのです。人間には、独り占めしたいという欲があります。その例として「カインとアベルの話」です。アベルは、家畜の初子で最も肥えた子羊を供え、神に受け入れられましたが、カインは土地の産物を供えたが、受け入れられませんでした。それで、カインはアベルさえ居なければ自分が受け入れられると思ったのです。一つしかない賜物を奪い取ったということです。

旧約聖書は人間の負の遺産が主に書かれています。うまくいかなかったことばかり、つまりネガティブなことが多く扱われています。新約聖書はポジティブな見方をしているんですよ。旧約聖書は過去を扱い、新約聖書はその過去を踏まえた未来の展望を拓きます。

【バベルの塔】

レメクの強欲がいきすぎて、他の者に見せつけたくなった現象が、バベルの塔です。

香子　金の観音像を建立したりするものですか?

神父　それなんかは可愛いものです。個人の成功を誇らしげに見せつけるだけですから。バベルの塔は違う。権力者が競ってレンガ（新技術・新生産品）を積み上げていく超富豪と覇権国家との闘いです。ちなみに、レンガは当時の最先端の工業製品です。「自分の方がすごいぞ、多くレンガを積み上げられるんだぞ」と競い合いあって、高く高く塔を作っていったのです。権力の誇示ですね。

香子　結局完成しませんでしたよね？

神父　権力者が競い合うのは文明の宿命で、権力者が競いあっている間に、足元への配慮が足りなくなり、治水灌漑もおろそかになり、飢饉が生じる。ついには、権力者の競い合いは戦争となります。戦争は勝者にとってはいいかもしれませんが、敗者は廃墟になります。民は荒廃した環境で自力で生き残りをしなければなりません。洪水による飢饉、戦争は人災と言えるかもしれませんが、一つの文明の崩壊です。聖書で扱われる3大危機、飢饉・戦争の2つは誰かに責任があるかもしれませんが、疫病については判断が困難で未だに安心できる策は不明です。現代文明においても責任の所在も解決の糸口が見えにくい課題ではないでしょうか。

【Receive and Give】

香子　疫病については、人間の責だけでは解決できないものですよね？では、人間の責任とは何でしょうか？

神父　それは Receive & Give の心だと私は考えています。
Give & Take という人間関係の取引ではなく、命の系図として恵みを受け取ったからこそ、より育み、増やし、人に分かち合うのだという Receive & Give の心が養われることです。
それこそが、欲と愛と命の先にあるもの、より豊かにする考え方です。
これが、命のミッションです。

嘆きの壁の前で祈る人々（山畑俊樹撮影）

9　最後に伝えたいこと

【人間は弱いものだと知る】

神父　今度は私からの質問です。教会に来られようと思ったきっかけはどんなことだったのですか？

香子　私ですか？

結婚もしておらず子どももも居ない人間としての孤独感、そして、現在は経済的に困っていませんが、死ぬまでの蓄えがあるわけではなく年金も十分にはもらえないだろう中で、不安があります。私は、誰もが気軽に入っていける共同体としての役割、そして、魂と最低限の生活のセーフティネットとしての役割の一部を担ってくれるのでは、と期待しています。もしそのような存在であれば、「そこに在るだけ」で安心です。

神父　キリストの愛に呼ばれて集うエクレシア（初期の祈りの協働体）の姿ですね。本来の働きですが、現実は遊離しているかもしれません。

香子　昔の本、たとえば、三浦綾子の本などを読むと、昔は共同体、セーフティネットとしての役割を果たしていたように思えるのです。

神父　そうですね。富める者も貧しい人も一緒に祈り、弱い人や苦しむ人に寄り添う行動する協働体、教会の本来のミッションです。

しかしながら、聖パウロの手紙や使徒言行録の記事から推察すると難しかったようです。

『言うは易し、行うは難し』です。そこで、聖ベネディクトは「修道会」を設立しました。私有財産は持たず、全財産を共有する組織です。

おっしゃるとおりのセーフティネットの組織は、なくはないのですが、通常の教会の現実はご覧の通りです。そこで、今、カトリック教会は刷新運動の真っ最中です。

香子　そうなんですね！　希望が持てます。

ところで、神父様はどのようなきっかけで？

神父　私は友達に誘われたのがきっかけで特に理由はなかったのですが、初めて行った日のミサで朗読された箇所がマタイによる福音書6章26―29でした。

「空の鳥を見なさい。種蒔きも、刈り入れもせず、また倉に納めることもしない。それなのに、あなた方の天の父はこれを養っている。あなた方は鳥よりも遥かに優れているではないか。あなた方の誰かが思い煩ったからといって、一刻でも寿命を延ばすことができるだろうか。なぜ、着る物のことで思い煩うのか。野のゆりがどのように育つか考えてみなさい。骨おりも、紬もしない。キミらに言う。栄華を極めたソロモンでさえ、この花の一輪ほどにも着飾ってはいない。空の鳥を見なさい、ソロモンの栄華さえ、野のゆりの美しさに及ばなかった」

（マタイによる福音書6章26—29節参照）

受験勉強と校則でがんじがらめ、昭和３０年頃、不景気で暗黒の高校生活の私は、この言葉に光が見えたのです。そして今があります。

この歳にして思えば、世の中は常に、良い時、悪い時の波を繰り返しています。そういう視点から見ると、聖書の歴史と現実には相通じる接点があります。時代や場所、言語や文化が異なっても、人の一生は誰もが同じような運命を担っていると感じます。

経済にも波がありますから暮らしにも変動があるのが当然としても、21世紀は、経済格差が広がるリスクが見えています。更に、コロナ禍によってそれが加速していると感じます。健康面でも、経済面でも、弱い立場にある側の人数が増えているようです。

香子　神父様は常々、聖書の読み方が狭いとおっしゃられていますが、そのせいで、経済格差も広がったということですか？

神父　そうですね。近代国家は西欧キリスト教思想が中心となって世界をリードして来ていますが、その実態は壁に向かっています。その一因には聖書に対する理解が、イエスが本来目指した方向から逸れているからではないでしょうか？

香子　政府のコロナの対策については、どう思われますか？

神父　う〜ん。

命あっての経済のはずなのに、なぜ経済優先ですか？ 一国のリーダーは命を優先しなければなりません。経済優先と軽率に言うべきではありません。

香子 コロナ対策を優先するあまりに、経済が滞ってリストラになって生活が困窮し、自殺者が増えることもあるから経済優先、と言うか、両方が大切と言っているのではないでしょうか？

神父 政府のいう経済対策には、弱者はあまり念頭に入ってないと感じます。命に対する哲学がないのでしょうか？ 命の豊かさが、どれ程大切なものか分かっていないのではないでしょうか。コロナによる死者、困窮による自殺者が一人も出ないようにするのが、政府が本来発信するメッセージです。そんな「命を大切にする」メッセージが出ていましたか？

香子　命を大切にする、という直接的なメッセージはなかったかと思います。

神父　弱者を大切にするならば、国民全員に一律10万円給付ということはあり得ません。大臣も、収入が途絶えた人も10万円、同額、公平ですか？　国民平均所得より低い人に配布する方がフェアでしょう…。

香子　それはフェアだと思いますが。システム的に難しかったのでは？

神父　実施が難しかったことは分かります。ですが、私は思うのです。富を分かち合う精神が、戦後の日本社会では忘れられて来たのではありませんか？　戦後、経済優先でやってきて、その恩恵の凄いのは分かっています。今も年金をもらえ、恩恵を受けている一人です。しかし、税金が国民のものであるという考えが軽視され、一部の権力をもった政治家が、自分たちの票を取るために使って良いと考えるようになってしまったのではないでしょうか？　そして、それは日本だけではありませんが。

香子　でも、人間ってそういうものではないでしょうか？

神父　そうですね！？

だから、見直さないといけません。見直して気づかなければいけないのですが、それができませんネ。その役割を果たすのがメディアのはずですが、彼らは自分達が言いたいことを発信していませんか？

香子　だって、それを多くの人が見たい、読みたいと思うからではないですか？　だから、つい読んでしまう私達みんなが悪いと思うのです。

神父　そうなんです。実は私達一人ひとりが気づかなければならないはずなのですが、それが出来ないというのは、教育の問題と…。

香子　結局はそうだと思うのですが、政治、メディアの批判、最終的には教育批判になって、おしまい、酒場で良く聞く議論です。「だから？　あなたはどうするの？」と思います。

神父　フランス革命が酒場から始まったように大衆が声を上げること、対立論争に明け暮れする論争よりも「新たな方策」を掲げることです。

そして、「人間は弱いから、完璧な行動は出来ないもの、だからそれに皆気づこう」そして第三の方策、新たな道をつくろう　これが言いたいところです。

ヨハネ・パウロ2世が、広島を訪れた時に「戦争は人間の仕業です。原爆のことを知るのは、未来のためなのです」と有名な言葉をおっしゃいましたが、それは聖書全体の基本的な考え方を凝縮したものなのです。」

1981年ヨハネ・パウロ2世、広島「平和アピール」全文
戦争は人間のしわざです。戦争は人間の生命の破壊です。戦争は死です。この広島こそ、この真理を世界に訴えている場所はほかにありません。

過去をふり返ることは将来に対する責任を担うことです。

人類は、自己破壊という運命のもとにあるものではありません。イデオロギー、国家目的の差や、求めるもののくい違いは、戦争や暴力行為のほかの手段をもって解決されねばなりません。

この地上の生命を尊ぶ者は、政府や、経済・社会の指導者たちが下す各種の決定が、自己の利益という狭い観点からではなく、「平和のために何が必要かが考慮してなされる」よう、要請しなくてはなりません。目標は、常に平和でなければなりません。すべてをさしおいて、平和が追求され、平和が保持されねばなりません。過去の過ち、暴力と破壊とに満ちた過去の過ちを、繰り返してはなりません。険しく困難ではありますが、国境や社会階級を超えて、お互いのことを思いやり、将来を考えようで

はありませんか。

平和達成のために、みずからを啓蒙し、他人を啓発しようではありませんか。

相対立する社会体制のもとで、人間性が犠牲になることがけっしてないようにしようではありませんか。

ヨハネ・パウロ2世の言葉は聖書全体を貫く思想を代弁していると言えるでしょう。それは、悪さえも善に変えられるという思想なのです。

香子　とても理解しきれませんが、深いですね。

神父　頭で知っても〝腑には落ちない〟ですね。生命の神秘性を知ることからですから。

【聖書のスタートラインは性と生命】

神父　私は、産まれた時に「臍の緒」を切られたことを覚えていません。しかし、年を取れば取るほど、その時のことを想像したくなるのです。母親がいたから、ここにいるのだ。過去を懐かしく思うためではなく、80歳を過ぎた私のこれからの人生を豊かにするためです。

香子　といいますと?

神父　悪にしろ、善にしろ、美にしろ、根底にあるのは「性と生命」の課題であるとするのが、聖書のスタートラインです。

香子　それはどういうことですか?

神父　一人の生命の誕生は、偶然ではありません。父と母、つまり、肉と肉が強い絆で惹かれ合ったからです。旧約聖書には、「肉と石」という対立概念があります。石は固くてしっかりして頑強で、成長するもの。肉は柔らかくて暖かい温もりのあるもの。柔らかくて暖かいもの同士がある瞬間につながり、協力し、同じ意向によって新しい命が誕生する。ジェンダーは、人間の命にとって基本的に大切なもの。存在の始まり、土台であり、かけがえのない価値なのです。

香子　笑うものでも、恥ずかしがるものでも、軽蔑するものでもありませんね。

神父　昔の人は命の尊さと有難さを知っていたのに、現代人、特に先進国の現代人にとっては、生死に関わる当事者にならない限り、命の大切さは実感しにくいものになっています。しかし、昔の人は、子孫を残すために本当に知恵を絞りました。それくらい、昔のカナンの地では子孫を残すことが重要だったのです。例としてタマルの話をしましょう。

香子　タマルさんですか？

神父　創世記38章です。

ユダは長男エルの嫁にタマルを迎えましたが、暫くして夫エルが死にました。その時、ユダはエルの弟オナンに頼みました。

「弟の務めとして、兄のために子孫をつくりなさい」

しかし、オナンは、その子が自分のものとならないと、知っていたので、子種を地に落としました（膣外射精というものですね）。主がそれを悪と見做したのでオナンの命は絶たれました。

その後、ユダは、三男・シェラが成人したら嫁にするのでそれまで、「実家で待っていなさい」とタマルを父の家に帰しました。その後、ユダの妻が亡くなりました。

タマルは、シェラが成人しても呼ばれないので、娼婦の身なりをして、舅であるユダに近づきました。ユダは彼女を見た時、顔を覆っていたので娼婦だと思い、息子の妻・嫁と気づきませんでした。娼婦相手の代金としてユダは子ヤギ一匹を送る約束をしました。タマルは、その保証として印章と紐を預かりました。

その後、タマルはユダの子を身ごもりましたが、ユダはそうと知りませんでした。

およそ、3か月後、ある人がユダに告げました。

「嫁タマルは姦通して身ごもっている」。

ユダは「彼女を引き出して殺せ」と言いました。

その時、タマルは舅の処へ使いを送り、「この品の持ち主によって身籠ったのです。」と伝えました。ユダは気づきました。「彼女は正しい。私がタマルにシェラを与えなかったからだ。」と。

香子　なかなかドロドロした昼メロみたいな世界ですね！

神父　ほら！　今の常識で見るとそうでしょうが。時代と文化も違えば、習慣も全く異なります。旧約聖書の時代のメソポタミア地方には、レビレト婚といい、寡婦は死亡した夫の兄弟と結婚する慣習があったのですよ。

香子　それは、今の日本の常識で見ると変な感じがしますが、昔の日本では「家」を守るためにあったと本で読んだ記憶があります。

神父　足入れ婚のことですね。そのような慣習に従い、舅であるユダは、タマルに亡き夫の弟オナンを与えたのです。旧約聖書の一つの基本思想として「産めよ　増えよ」が、人間の責任と書かれている箇所があります（創世記1章—2章4節前半まで）。タマルのエピソードに戻ると、舅は「自分の家系を保ちたい」という欲がありました。一方、オナンは「自分の種で兄の子孫を作りたくない」という欲がありました。

オナンは兄の代用品ではないという、男のメンツがあります。そして、子孫繁栄のために行動しなかったことが、「産めよ　増えよ」に反する行為と見なされ、彼は死ぬことになりました。おかしな話ですが…。

生物として見た場合、人間は、「性と生」を基本としていたのではないでしょうか？文化的多様性・文明の発展により段々と変わってきていますが、そもそも、男は、生きるために働き、自身の存在の証拠として子孫を残してきました。旧約聖書の時代のメソポタミア地方で生まれ育った女性であるタマルは、民族の伝統に従おうとしました。ユダの家系を残すという使命を果たそうとしたのです。

子孫を残すことが使命とされた時代、今の日本に生きる私の目で見れば、なんたらハラスメントに思えます。

現代から見れば、愚かしいことかもしれませんが、人類の歴史のなかであったことです。

当時の風習では相続者がいないと財産も失われたのです。

香子　神父様、難しくなってきました。ここでお伝えになりたいのは、なんですか？

神父　聖書は、如何なる状況下でも生き続けられる知恵を求め、光を見つけなさいとする励ましのメッセージです。

聖書は道徳書でも倫理書でも国家の法令集でもありません。寓話も含め、その時代を生きた人達の状況を記したものです。ユダとタマルとオナンのエピソードは、不条理な現実を描いていませんか？　現代社会とはかけ離れているかもしれませんが、このエピソードの中にも、各自が生き延びるための知恵や光が見つけられるのです。

ついでに付け加えましょう。エレミア書31章22節に「女が男を保護するであろう」とありますが、マリア様の出来事の預言とする以上の意味があると思います。

香子　？？？？

神父　「まだ分からない」と言った顔をしていますね（笑）。人類の役割を果たすために「性と生」がありますが、人間の性は種族保存のみではありません。動物の性とは違う面もあります。それは察して下さい。

香子　タマルの件も、エレミアの言葉も、今の日本を生きる女性としてはピンとこないのです。現代でも、人類の存続が大切なのは頭では分かりますが、女性として「子どもを生むことに存在意義がある」と責められているように感じます。

神父　そうでしょうか？　そのつもりはないのですが。

イエス・キリストの新約聖書の時代になると、ニュアンスが随分変わってきます。「子犬さえ、主人のテーブルから落ちるパン屑を食べる」とあるように、あらゆる存在に助け船を出すようになります。人種・性の差別がなくなってきます。

（マタイ15章27節）

香子　まだ分からないのですが。

でも、その時の自分の置かれている状況に合わせて、聖書からメッセージを受け取れば良いのだということは分かってきたような気がします。

神父　そうです！　文字に縛られずに、その時代や文化がどうであったかも想像しながら、受け止めて、自分なりにヒントを見つけたら良いのです。正解は自分で見つけられるはずです。

【個人的な思い出】

神父　私は80年以上生きてきて、大きな問題に5回ぶつかりました。2回はお金の問題、1回は内面的な問題です。あとの2回は人間関係です。内面的なものは信仰や自分の生きる道、教会という組織に属することについてです。40代後半、3年間は続きました。若気の至りで選択したのか、深く考えて選択したのか？　そんな苦悩が続きました。その時に、周りにたしなめてくれる友がいて、「選択した」時の原点の心を再発見出来たのは有り難いことです。そこに立ち戻り、そして、〝新たな記憶づくり〟に向かうことが出来たのです。

80歳ですし、本当は引退しようと思っていたのですが、コロナ禍のお陰で「それではいかん」と気づかされました。立ち返る理念と昔に戻る意味ではありません。生き続けられる喜びです。

香子　素敵なことに聞こえます。しかし、それはとても珍しいことでは？　企業では理念、ミッション、ビジョンについて必ず明記するようになっていますが、では、そのリーダーや個々人が理念をどう持っているか？　そんな話を聞くことは少ないです。

神父　企業の目的は収益を上げ働く者に給与を払うこと。つまり経営です。決められた期間内に利益を出す責任があります。期間限定の使命と責任です。

香子　私の場合で言えば、何のために、教会はあるのだろうか？　信じていることは何なのだろうか？　利己と利他で言えば、今の日本では利己を目的に来ている人が多いのではないか、などと、そんなことも気がかりです。

神父　けれども最も大切なのは、誰に対しても負の部分を責めない〝ゆるし合いの心〟ではありませんか。簡単に実行出来ないことですから、自分の力のみに頼らずに委ねるメンタリティーを知ることですね。

香子　日本の他の宗教もそうですもんね。神社で家内安全・商売繁盛を祈ります。私自身もそうです。せいぜい、家族のことを祈りに含めるくらいです。

神父　実は、聖書の特徴は利他の精神です。マザーテレサらが代表例です。「弱い人のために」というのではなく、「弱い人と共に生きる」という姿勢です。

香子　それは素敵なことだと思います。

神父　素敵と言うよりも実在しています。まったく同じ生き方はしなくても、その心を知るだけで十分ではありませんか。自分の力を誰かのために差し出すこと。

【土地と水、お金と契約、改めて】

神父　アブラハムは当時の文明の中心地であるメソポタミアを離れ、カナンの土地を彷徨いました。当時の財産は、羊や山羊などでした。それを増やして、最終的にはお金に換え、土地を買ったわけです。はじめて、土地と水を自分のものとし、定住しました。一族を養うことが出来た成功者です。売買契約書があったはずです。エコノミーの起源です。

また、当時は男性中心社会であり、長子相続でした。ここでの長子相続とは、長男に限定されず、一族を束ねる力が最もある者を相続権者として、父親が指名権を持っていました。親の責任でもって、一族を治める者を選んだのです。これは個人の単位なので、心のあり方の問題かもしれませんが、大きい国家になったら、一家族の問題とは言えず、国民の命を守り、養う責任があります。

現代のように、科学技術が進んで、世の中が複雑になっている時代だからこそ、旧約聖書から問いかけたいのです。

「私達は、損得勘定だけを拠り所にして幸せになっているのでしょうか？」

香子　旧約聖書のどの部分からでしょうか？

神父　王国が成立し、富豪と権力者と貧しい民との階層差が目立つ頃、預言者が現れる紀元前十世紀以降でしょうか。秤を誤魔化して利益を上げるお金持ち商人が登場します。

（アモスの預言書参照）

香子　なるほど。ほっておけば、人間は欲に寄りすぎるのですね。それは確かにそうだと自分でも感じます。

神父　聖書を読むということは、強欲から愛の心へと軌道修正をするということです。例としては、旧約聖書ヨブ記の39章の「鷹と鷲」に表されます。

鷹と鷲

鷹が舞い上がり、南に飛ぶのは、
お前の知恵によるのか。
鷲が飛び上がり、高い所に巣を作るのは、
お前の命令に寄るのか。
それは岩場に棲み、
牙のような岩や、砦で夜を過ごす。
そこから獲物を狙い、
その目は遥か彼方まで見張る。
その雛も血を吸い、
死体のある所には、必ずいる（鷹）

（フランシスコ会　原文校訂による口語訳）

「死体のあるところには禿鷹が集まる」（マタイによる福音24章28節）。これは、心がどん底になっても、そこから再生するメタファです。先ほど私が個人的な話として、自分の闇の時代をお伝えしたように、闇があっても、その後、立ち上がる時は来るのです。

死体のあるところに鷹が集まるように、欲は限りないものです。一方で、死ぬというのは再生するという意味です。終わりは始まりなのです。

香子　素晴らしいことですね！

神父　祈るということは、「もし、自分が〝死体〟のようにどん底に陥った場合のことを想定して考える期間を持って待つ」ことで、「単なるお願い」事とは違います。

香子　そうなのですね。「祈り」はそんな深いものなのですね。

神父　しかし、人間ならば自分の利益を願う現世利益になってしまうのも仕方ありません。ですから。そこを他者、神の力を借りるのが祈りです。

香子　なるほど。

神父　物的な豊かさも、実は、自分だけのものではなく、幅広く世の中のために使うものです。そういう視座では、蓄財は悪ではありませんが、他者と分かち合う、人の割合が日本では低いようです。自分の持つ財産、国家の税をどのように使うか、国民として考えていかなければなりませんね。

香子　ググったら、日本は寄付指数（World Giving Index 2018）で１４４カ国中１２８

位です！

神父　そうでしょう。そうでしょう。
ところで、最後に、聖書に対する既成概念を変えてください。誤訳も幾つもあります。

香子　そうですか？

神父　例えば、新約聖書マタイによる福音書5章48節の箇所です。
「天の父が完全であるように、あなた方も完全なものになりなさい」とありますが、
完全ではなく「寛大を意味する言葉」が使われているのです。
それから「完全になったら」神様ではありませんか…。

香子　寛大の方がいいです！　完全は窮屈です。「べき」で縛り付ける気がします。

神父　似たような誤訳で、日本におけるカトリック教会自体、世の中からも誤解されている部分があります。そこは変えていきたいです。

香子　80歳を超えた神父様が未来に向けてのプランを持っていらっしゃる、勇気づけられました。

神父様、色々有難うございました。

神父　いえいえ、こちらこそ。

一応締めくくりの言葉です。

明日に向けての新しい記憶を作っていきませんか？

（追記）　要は文字面に縛られず、聖書は神話、民話、伝承された昔噺、諺、原因譚から様々の出来事を表象する寓話や譬、メタファ、アレゴリーなどとして読み取ることです。

パレスチナの旅の案内人と同行の友人と（大久保雄三撮影）

禍を転じて福となす

関根神父様は、私の本『試練と挑戦の戦後金融経済史』（岩波書店、２０１６年）をお読みになり、また世田谷教会で「戦後金融経済史と聖書－講演と対談」（２０１９年２月）を主催され、私と対談をして下さいました。これが契機となり、神父様は人々により広く語りかけるため、この本をお書きになったそうです。私にとって、大変嬉しいことであり、また光栄なことだと思っています。

私は自分で書きながら気づいていなかったのですが、神父様によると、私が本の中に書いたことは、聖書に書かれている人類の「試練と挑戦」の一コマに過ぎないとのことです。私は神父様の書かれたこの本を読んで、その意味が分かりました。

読者の皆様は、神父様がこの本の中に書いておられる事から、この本のサブタイトルである「聖書を手がかりに」、さまざまの事に気づかれるのではないかと思います。私が改めて教えられた二、三の例を挙げますと、一つの旧約聖書が民話、伝説、格言などを資料として、五百年近くもかかって書かれた記録書で、人間の本性を暴露する物語だということです。また聖書に書かれている数々の奇蹟は、奇蹟それ自体にポイントがあるのではなく、そこでとった人間の行動、人の心の持ちようが変わったこと、に意味があるということ、更に聖書は神と人間の関係をメタファー(隠れた喩え)として伝えていること、などです。他にも、多くの興味深いことを教えられました。

最後に、神父様もこの本の中で触れられているコロナ禍について、私見を述べて結びとします。いま世界中の政府や国民がコロナ禍で苦労していますが、このコロナ禍は、細菌やウィルスなどの病原体を武器として使ういわゆる「細菌戦争」を考え、研究している国(軍の当事者、強大・強欲なリーダー達)があることと、無関係ではないと思います。米国、英国、ロシア、中国、イスラエルなどのワクチン開発が普通よりも早かったことは結構なことですが、日頃から細菌戦に備えて、国家の援助でワクチンを研究していたからだと思います。

そう考えると、コロナ禍は、人類が愚かにも人類でコントロール出来ない病原体の蔓延を武器にしようと考えたことに対する「天罰」(人類にはまだ理解出来ていない災害＝自然界全体の生態学的現象)と言うことが出来るのではないでしょうか。

しかし、神父様が指摘しておられるように、聖書には「禍を転じて福となす」教えが沢山書かれています。コロナ禍で巣ごもりをしている間に、日本人はテレワークが広範な分野で、しかも職場に集合するよりも効率的に出来ることを知りました。人々が大都会に集中せず、自然美豊かな田園に住んで今と同じ仕事が出来るのです。これを広範なＤＸ(情報技術を使った事業変革)に結びつけて、日本経済の生産性を向上し、潜在成長率を押し上げて、国民の幸せに結び付けることも夢ではありません。２０２１年を日本経済の新しい出発点にすることは、国民の努力次第で可能なのです。

２０２１年２月

鈴木淑夫(経済学博士)

創世記でアブラハムが自分の息子イサクを「いけにえ」として捧げようとした地に建てられた〈岩のドーム〉に平和を祈って世界中から訪れる人々　（山畑俊樹撮影）

感想

【関根神父様との出会い】

「自分はなんのために生きるのだろう?」と虚しくなることが時折あります。独身で子どもも居ませんし、「自分を食べさせるために働いて、ただそれだけではないか? そんな人生に何の意味があるのだろう?」と落ち込むのです。

天職と思えるコーチングで独立、仕事は順調でやりがいを感じ、健康にも恵まれ、気が合う友達や知り合いも沢山います。十分幸せなはずの人生ですし(実際、ほとんどの時間は幸せです)、そもそも、「なんのために生きる?」という問いがナンセンスであることも頭では分かっています。しかし、心の隙間を狙って、虚しさが時折やってくるのです。

2年ほど前にも虚しさに襲われました。そんな時には、「生きる」ことを隠れテーマにした本、自分を勇気づけてくれるような本を読むことにしています。この時に再会したのが三浦綾子さんの本でした。再会と記したのは、「氷点」など何冊かを読んだことがあったからです。以前は、面白い小説として出会いましたが、2年前は「生きるためのヒント」が得られそうな本として出会いました。

貪るように、彼女の著作の殆どを読みましたが、中でも、自伝的な「道ありき」シリーズ、白洋舎の創立者・五十嵐健治氏の伝記小説「夕あり朝あり」に感銘を受けました。前者はご自身がクリスチャンになるきっかけや、やはりクリスチャンである夫・三浦光世氏との生活など、主にクリスチャンとして生きることについて書かれています。後者は、クリスチャンの五十嵐氏が、勤めていた三越を退職、独立開業して白洋舎を創立、並行して伝道をしていく話です。お二人とも、信仰の力で様々な困難を乗り越え、信仰を通じて、周りの多くの人達と共に、幸せに生きることが出来たのだと、私は受け取りました。キリスト教に、クリスチャンに興味が湧きました。

周りにクリスチャンは居なかったので、現役ビジネスパーソンのクリスチャンをネットで探しました。「現役ビジネスパーソン」と限定したのは、自分と同じ立場の人の話を聞きたかったからという点、また、私の拙い考えでは、キリスト教の思想と相矛盾する意思決定をしなくてはならないビジネスの世界で、どのように折り合いをつけているのか知りたかった点が理由です。

そして、出会ったのが神谷秀樹さんです。投資銀行業界で長らく活躍され、日本人個人としては初めて、米国証券取引委員会登録の投資銀行を設立された方です。金融業界の端っこ、ベンチャー・キャピタルで働いたことのある私は、そのお名前は聞いたことがありました。また、投資銀行といえば、キリスト教の精神とは最も離れたところにありそうに感じられました。「この方だっ！」と思い、神谷さんの著書に記載されていたメールアドレスに連絡したところ、返事を下さいました。そして、現在はニュージャージーにお住まいで、非営利事業への投資をされている神谷さんが、関根神父様を紹介下さったのです。

関根神父様は「気軽に教会に遊びにおいでなさい」と言ってくださり、その言葉に甘え、気が向くままに、日曜のミサや聖書勉強会に参加しているうちに、神父様が聖書と経済をテーマにした本を執筆中で、スランプに陥っていると知りました。経済学部を卒業しており、本を出版したこともあるので、「なにかお手伝いしましょうか？」と手を挙げたことから、今回の本に関わることになったのです。

素晴らしい機会でした。神父様が、長い間かけて聖書を読み込み、深め、広げていらしたお考えを聞く機会です。私が問いを投げかけ、神父様に答えて頂きながら原稿を作っていったのですが、分からないことや納得できないことは僭越ながらも率直にお伝えし、神父様も真摯に対応して下さいました。原稿にした分量の何倍もやり取りはあったと思います。そのプロセスから多くのことを学びました。

【やり取りから学んだこと】

一番の学びは、内容そのものよりも、関根神父様の姿勢です。本書には、現代の政治への批判が出てきます。代替案がない批判は好きではないし、政治への批判はマスコミやSNSでうんざりするくらい見かけています。平成時代が批判だけで失われたとさえ感じます。それよりも、批判をするなら、最終的な目的のために建設的な意見を言うか、批判する相手とも協力できるような体制を考えようよ、と思うのです。神父様にも、「ただの批判だったら、マスコミやSNSで散々行われています。そんなのは面白くないです」と何度もお伝えしました。かなり語気強く言ったこともあります。

神父様は「率直なご意見を有難うございます」とおっしゃるのですが、政治への批判をお止めになることはありませんでした。何回かやり取りをした後、気づいたのは、神父様は、私よりも、ずっと長期的な視点を持っていらっしゃるということです。２千年以上の歴史を持つ聖書のなかの出来事や背景が念頭にある神父様にとっては、「国民のことを考えないリーダーは超長期的には結局、国を滅ぼす」のが当たり前のように見えているのです。だから、警鐘を鳴らし続けますし、具体的な代案はないにしても、「第三の道を探そう」と提言するのです。聖書の世界と現代日本の政治・経済をつなぐことを使命とし、80歳を超えてから、初の著書を書かれたのは、聖書から学ぶことで、現代日本がより良くなると信じていらっしゃるからだと、その信念を貫く姿勢に感銘を受けました。

また、前記のように、若輩者にも関わらず、「これじゃ分かりません」、「面白くないです」、「ありきたりです」等の〝意見〟を申し上げた私にも「率直なアドバイスを有難うございます」と耳を傾けて下さいました。自分自身が80歳になった時、同じように謙虚な姿勢を保てるか、若者の意見に耳を傾けられるか、そうありたいと願いますが、自信はありません。その謙虚な、素直な姿勢にも、頭が下がりました。

内容面での学びとして、目から鱗が落ちたものは二つです。一つ目は、お金を稼ぐことが肯定的、積極的な意味を持つことです。１９９０年代のニューヨークでビジネススクールに通い、ベンチャー・キャピタルで投資の仕事をしたことがある人間としてはナイーブかもしれませんが、地方の、両親とも教師の家に育ったせいか、どこか「お金を稼ぐこと」について疚しさを持っています。頭では、「お金が回ることは身体に血液が回るくらい大切なことだ」、「提供した商品やサービスに対して、適正な利益を載せた対価を頂くことは自然なことだ」と理解しています。また、独り身で個人事業主として生計を立てているので、お金を稼ぐことが必須でもあり、そこについて疚しさを感じることはありません。でも、「あまり、お金お金と言うのはなあ。」と考えることもあり、お金に対しては二律背反する気持ちを持っているのは確かでした。

神父様によれば、最初は、食べ物に代表される、生活に必要な糧だったのです。自分及び家族を養うためには当然必要な糧です。次に、自分の一族を養うに十分な糧を得るため、族長が動きます。自分の部族に足りないものを他の部族から得るために交換経済が出てきて、お金も生まれてきます。糧を生む、作る身体や知恵は神様から与えられた恵みです。

その流れで考えると、お金＝糧＝神様の恵みなのです。大切なものです。納得です。

また、自分や家族、一族が食べられる以上の糧を得た時には、その余分も、神様の恵みとして喜んで受け取って良いのです。更に、余分をどう使うかの、選択の自由も神様から与えられており、その自由を使って、皆に分け与えられるのも恵みであるという考え方、素晴らしいです。沢山稼ぐことも、余分を皆で分かち合えば意義があるのだ、と私には腹落ちしました。

二つ目の学びは、本書の中にも出てくる、シラ記17章の一部、第七感について記載されている箇所です。

「The Lord gave them the five senses, but he also gave them a sixth—intelligence, and a seventh—reason, which enables them to interpret what comes to them through the senses.」

「主は人間に五感を与えた。それだけではなく、第六感である知恵、それらの感覚を通じて可能になる、第七感、良識ある判断力をお与えになった。」

私はコーチングを本業としています。感情や心の声を無視し、思考や頭に従おうとすることで、生きづらくなり、人間関係がうまくいかない例を沢山見ています。ですから、感情を大切にしよう、心の声を聞こうと伝えています。でも、それだけではうまくいかないことが多々あるのも分かっています。感情や心の声にしっかりと耳を傾けた上で、感情と思考、心と頭が同じ方向を向いて協力し合うことが必要なのです。シラ記の第七感を私なりに解釈すると、「五感（感情・心）と六感（思考・頭）を通じて可能になる第七感（良識ある判断力）が人間にはある」のです。我田引水になりますが、「五感も六感も大切にした上で、第七感を働かすことが、個人の幸せにもつながり、周りとの関係も良くなる。」です。第七感という考え方を知ることが出来たのは大きな成果でした。

最後に、神父様と質疑応答をおこなったあと、毎回のように、焼鳥屋や洋食屋などでワインを飲みながら、ざっくばらんなお話をしたことは、楽しい時間でしたし、「親のような年代の方とも友達のように付き合えるのだ」と実感したのも学びでした。有難うございました。

和気香子

２０２１年３月１日

関根英雄神父とリテラシー

【関根さん、本を書く】

世田谷の下北沢にあるカトリック世田谷教会に、齢《よわい》八十歳を越える関根英雄神父（以後、親しみを込めて関根さんと表記）というキリスト者がいる。普段はどこにも力が入っていないし気取ってもいない。いつもニコニコと笑みを湛えている人間臭い人物である。私と関根さんが親しくなったのは、ある方の葬儀の席を取り仕切ってした関根さんが信者でもない私が間違って聖体拝領の小さなパンをパクりと食べてしまったことから始まった。今から5年前ほどのことである。この時、関根さんは、「大丈夫、問題ありません。イエスさんはOKです」と少しも慌てず何もなかったように流してしまわれたのであった。

そんな関根さんから、「聖書について、自分の生きてきた時代と照らし合わせて書いてみたい」という話が出た。

【戦後経済と聖書】

書籍化のきっかけは，関根さんのお知り合いで日銀出身のエコノミストで元衆議院議員の鈴木淑夫氏が出版された、「試練と挑戦の戦後金融経済史」（岩波書店　２０１６年刊）という書籍だと言う。この本から関根さんは、知的な刺激を受けて、自分の生きた戦後という時代を通し、自ら学び、実践してきた「聖書」というものを、世の中の人にできるだけ分かり易く書いてみたいと考えるようになった。

２０１８年夏、神父は鈴木氏に連絡し、自身の管理するカトリック世田谷教会で講演していただくことになった。その講演録は、この書籍に収められているが、鈴木氏の力説するところによれば、戦後の日本経済というものが、いかにアメリカ合衆国という大国の政策の影響下にあるかという隷属の現実であった。例えば奇跡の復興といわれた昭和30年代の経済復興の背景には朝鮮戦争があり、そこで息を吹き返した日本経済は闇市経済を脱出して、80年代には、ヨーロッパ諸国を差し置いて、アメリカに次ぐ世界第二位の経済大国になったのである。まさにこの大国アメリカと日本の関係は、キリストが活躍する新約聖書のローマ帝国とユダヤ人社会の関係にどこか似ている。私たちは、なにか神の子キリストが十字架に架けられて死んでいくのを単なる神話や物語として見てしまうが、これを自分たちの時代と比較して観る時、キリストの十字架のエピソードそのものが、常にアメリカ政治に遠慮と従属を繰り返しがちな日本政治を連想させる。つまり、自分が生きている現代と遠い話に見える旧約聖書の時代を比較し、これを繋いでみたいというのが関根さんの書籍化の趣旨のようであった。

この視点から考えるとキリストの死は、一応大国ローマと弱小国家ユダヤ人の政治的駆け引きの中で起きた悲劇ではあるが、新約聖書では、そのキリストの物語を、4人の記者（マルコ、マタイ、ルカ、ヨハネ）の目を通して、明らかに別の視点から描いている。したがって、この4人の記者の違いを読むことによって、イエス・キリストの物語により深く迫ることが可能になる。

関根さんは、聖書を深く読んで解読することを「聖書リテラシー」と呼んでいる。それは、聖書の物語を多方面から深く読み込むことによって、頭の中でその内容を幾度も咀嚼《そしゃく》あるいは反芻《はんすう》することによって、私たち個々人が独りの人間として現代社会を生きぬく知恵や方法を獲得するというもの。言わば、文字化される以前の言い伝え（口承伝承）を掘り起こして読み直すことのようだ。

聖書は、様々な苦難の果てに、国土を失ってディアスポラ（民族離散）の民となったイスラエルの民族起源の宗教経典とされているが、それは同時に長い歴史の中で鍛えられ、あるいは磨かれて、現代社会において世界人類最大の宗教教団としてのキリスト教の経典となっているのである。

元来、聖書は単なる法人としての教団書である以前に、人類の「夢」という側面がある。夢について、ユング心理学によれば、「補償作用」という機能が指摘されている。この機能は、現実の中で様々な生存の不安にさいなまれる人間が脳に溜まった厖大な記憶を夢を通じて解放し、何とか精神のバランスをとっているのではないかということである。

【ノアの箱舟の教えと現代】

例えば創世記にある「ノアの箱舟」というエピソードがある。周知のように神は自分が創造した人間の中に、悪がはびこってしまったことを悔やみ、心に痛みを覚え、「自ら創造した人を大地の面から拭い去ろう」（月本昭男　旧約聖書Ⅰ　創世記　岩波書店１９９７年刊

20頁）と考えた。しかしノアの家族だけが恵を得て神との契約によって救われることになる。神はノアと地上に住む鳥や獣の番《つがい》を生存させるための箱舟の建設を促す。この箱舟の物語の社会的な機能は、人間の災害に対する備えを促す側面と人間の驕りを個別に戒めるという機能が潜在していると考えられる。

２０１１年３月11日、東日本大震災が起こり、大地震によって発生した大津波によって二万人を越える人々が亡くなった。この自然の大災害に関連して福島にあった原発施設が津波によって大爆発を起こし拡散された放射能によって、最悪の場合東日本が壊滅する可能性すらあった。それから10年が過ぎても廃炉が決定された福島原発の解体処理が遅々として進まず、放射能を含んだ汚染水が、周囲に設置されたタンクに溢れんばかりとなっている。さらに地震国日本では、東日本大震災を越える規模の南海トラフ地震が、西日本全体を巻き込むようなスケールで発生する可能性が高いとして注意喚起がなされている。

ノアの箱舟の物語は、けっして神話や過去の物語などではなく、まさに現代の私たちの身の回りで明日にも起こるかも知れないという警鐘なのである。

【結語　関根さんから学んだこと】

関根さんから学んだことは、友達を作るコツである。関根さんは、誰にも垣根のような壁を作らないので、誰でも懐に入れて友人となる。関根さんの周辺には、若い研究者や学生、ミュージシャンが集まってくる。その中にパレスチナの大学を出た若い女性が講演したことがあった。彼女の現代パレスチナの講義を聴き、自分の無知を恥じる思いがした。私たち日本人にとって、パレスチナとは、イスラエル共和国建国によって、土地を奪われて難民化してしまった悲劇の人々という間違った既成概念で見ていた。実際のパレスチナには、難民化している人物はいるものの、それ以上に確か大小40を越える大学があり高度教育を受けたエリートたちも多く存在していて、国土拡張の手を抜かないイスラエル共和国と一歩も引かない外交を展開していることを知ったのであった。これは日頃の日本のニュースにおいて、抵抗するパレスチナ難民たちの投石や近代兵器で武装したイスラエル兵の姿を刷り込まれていることによって、パレスチナ人のイメージが実像とかけ離れてしまったことによるものである。これもやはり日本社会における「リテラシー」の問題である。

最後に、コロナ禍で開催された昨年（２０２０）12月のクリスマス・コンサートに触れて筆を置きたい。関根さんは、コロナ禍の不安の中、十分な感染対策を施しながら、23日にはパレスチナのための篠崎史子・和子のハープコンサート、翌日はシエラレオネのルンサの学校のためにジャズコンサートを開催した。アメリカの名門バークリー音楽大学出身の5人のジャズ奏者による新曲「シエラレオネ」は、心に染みわたるような瑞々しい演奏だった。この二つの慈善コンサートについて、いつも貧しい人に寄り添い続ける神父関根さんのお人柄をよく表していると感じた。

いかにして、物事の真実の姿を見つけるか。その方法を、関根さんは、この本によって私たちに教えてくれるはずである。

２０２１年３月１日

佐藤弘弥

あとがき

米大統領選によって露呈した政治体制は創世記のレメク様（創世記4章23―24節）の傲慢と強欲の末路を見せつけるようです。イエスの処遇を群衆の手に任せたローマ総督ポンシオ・ピラトとユダヤ国王ヘロデの心中と重ね合わせて見守っています。統治責任者の強欲と傲慢な統治が体制の変革、新たな文明へと歴史の舵が切られているようです。

縦にも横にも縛られない鳥瞰的視座と水平的円思考の組み合わせを読み取る知恵が「聖書」には秘められている。過去と未来を繋ぐ「今」の理念である。

第2次世界大戦時下に産まれた者として、国家の戦争の中に子を育てる親の心境、姿を見つつ、「日々の食糧を求めて奔走する大人」の行動、その後、経済が上向き、暮らしが安定すると浮かれた気分に乗せられて自己満足してしまった自分。その時期に何をしていたかが、問われているのが「今の試練期」。蓄えのある人は次の時代に向かっての着想を練る時間があるが、その日暮しの境遇に追い込まれている者はそのゆとりは無い。国家として最低限の生活保障を提示すること。聖書の基本的思想。

21世紀はデジタル革命という新文明期。寅さんのように笑わせなくとも、次世代への橋渡しの現象として積極的にコロナ禍を捉える時期。

生き残れる知恵が欲しい。産道に代わるトンネルだ。不平不満に終わらずに〝まほろば・エデンの園〟を探し求めたい。呼吸が続く限り「よろこび」も尽きないはずだ。

お金は天下の回りもの。命を守る糧。天と地の血ではありませんか。

命は一人一人が天から受け取ったかけがえのない賜物。大切にしましょう。

二兎を追う者は一兎も得ません。

歴史も人生も試練と忍耐、失敗の繰り返しです。

だから、記録から背後にある事実、真犯人を追う刑事のように探し、求めましょう。犯人を逮捕する満足感は授かった命の有り難さに通じます。事件解決とは「私の人生は幸いだった」と遺言に書ける事ではありませんか。

「産まれてきて良かった。美しい世界だ」と心に想い浮かべつつ、新しい記憶づくりの日々となるでしょう。

関根　英雄

岩波書店　鈴木淑夫著「試練と挑戦の戦後日本経済」のシンポジウムから「ソロモンの栄華」後の没落と再興との類似・共通のメンタリティーを「読み解く知恵を聖書リテラシー」とする巷神父の思いです。

ガリラヤ湖畔で聖書の空間を心に想う関根英雄神父（大久保雄三撮影）

【結びのことば】

戦争は人の心の課題、自然災害は大自然界を軽視する心が遠因。

疫病は人知に課せられる新たな文明へのサピエンスへの天からのチャレンジ。

人類を驚愕に一時的に落とし入れるが、人知は必ずその先へと進化し、新たな文明を創出してきた。

聖書の基本思想である。

永遠の創造者・神の摂理である。

「聖書リテラシー」に思う

神（さま）は直接に話しかけません。

だから、神（さま）を味方とする読み方をリテラシーと言います。

メジャー（物差し、巻き尺）は長い程長い距離が測れるように
「字句・文言のまま」に読むよりも「言葉の巾」を拡げれば拡げるほどに意味が拡がり深くなります。

「聖書」はそういう本です。

生命の重荷、心を虐げる〝X〟を取り外す道を見つけるのが「聖書リテラシー」。

活字となった文書が作られる以前、言葉として語り続けられていた「伝承、元々のお話し」を見つける心の読み方。

１９４５年、戦争に負けた後、国内各地が焼け野原となった日本とエルサレムが滅亡した旧約聖書の出来事を対照するのが本書の趣旨です。

コロナ禍の「いま、ここで」生き続ける「気持ち」を励ます一方、定着してしまった訳語に拘束されない心を。

（最終校正に際して、関根神父のつぶやき）

【参考とした文献】

翻訳日本語聖書
・フランシスコ会訳　簡単な注釈付き（脚注）
・新共同訳、新改訳　（関連個所の）引照付き
・岩波訳　その他
レイモンド・E・ブラウン著　生能秀夫訳「降誕物語におけるキリスト」　女子パウロ会
ピオ12世教皇「自発教令　聖書研究推進」、第2バチカン公会議「啓示憲章Ⅱ神の言葉」
毎日の読書　全9刊
第2バチカン公会議文書　聖書とキリスト論
教会の社会学教説概要　（以上3点カトリック中央協議会）
カール・ジンマー著　長谷川真理子=日本語版監修　「進化　生命のたどる道」岩波書店
藤崎　衛著「中世教皇庁の成立と展開」八坂書房
R・ドゥ・ヴォ著　西村俊昭訳　「イスラエル古代史」　日本基督教団出版局
サムエル・テリエン　佐近義慈監修　「聖書の歴史」　創元社

三浦慎悟著「動物と人間」東京大学出版会
レナード・ムロデイナウ著　水谷淳訳「人類と科学の400万年史」河出書房新社　池貝和信編
「狩猟採集民からみた地球環境史」東京大学出版会
O，ケール著　山我哲雄訳「旧約聖書の象徴世界」教文館
A，マザール著　杉本智俊　牧野久実訳「聖書世界の考古学」有限会社リトン
星川啓慈著「宗教と〈他〉なるもの」春秋社
W–J・オング著　桜井直文、林正寛、糟屋啓介訳「声の文化と文字の文化」藤原書店
The Catholic Study Bible (New American Bible) OXFORD UNIVESITY PRESS
THE JEROME BIBLICAL COMMENTARY　PRENTICE-HALL
ウィリアム・H，マクニール著、佐々木昭夫訳「疫病と世界史」中央公論新社
ジャン＝ポール・クレベール著、竹内信夫他訳「動物シンボル事典」大修館書店

【著者紹介】

語り手　関根　英雄（せきね・ふさお）

1939年生まれ

1956年　埼玉県熊谷のカトリック教会で中国から追放されたフランス人神父から受洗。

1963年　上智大学法学部卒業

1967年　同文学部（神学校）入学、卒業後神学部に入るが、中退。

1971年　カトリック東京大司教区司祭叙階、同法人小教区教会司牧を経て現在は世田谷区下北沢の教会を担当している。

聞き手　和気　香子（わき・きょうこ）

栃木県生まれ。東京大学経済学部経営学科卒業。
在学中に女優を志し、卒業後も女優業に従事。ニューヨーク大学MBA取得。
留学後、ソフトバンク、マッキャン・エリクソン、日本コカ・コーラ、日本アジア投資に勤務。
現在は、エグゼクティブ・コーチとして、主にベンチャー企業、スタートアップ企業の経営者、前向きにキャリアに悩む方のためへのコーチングを中心に活動。
著書「人の気持ちがわかる人、わからない人」、「人間関係の整理術」

聖書リテラシー

聖書はもともと口伝えの話。
それらを書き残そうとした人の声が纏められ、
文書となり、編集され、「聖書」となった。
それを解読する道が「聖書リテラシー」。
声の文化は「知」を産み
文字は「心と心」をつなぐ。
「その時」新しいアートが創造される。

コロナ不安を生きるヒント
聖書を手がかりに

2021年5月1日　第1版第1刷発行

著　者　関根英雄・和気香子
発行人　武内英晴
発行所　公人の友社
〒112-0002　東京都文京区小石川5-26-8
TEL 03-3811-5701　FAX 03-3811-5795
e-mail: info@koujinnotomo.com
http://koujinnotomo.com/
印刷所　モリモト印刷株式会社

ISBN978-4-87555-862-0　C1016